Gerhard Kaiser
Neue Antithesen eines Germanisten 1974–1975

Scriptor
Literaturwissenschaft

Gerhard Kaiser

Neue Antithesen
eines Germanisten
1974–1975

Scriptor Verlag Kronberg/Ts. 1976

© 1976 Scriptor Verlag GmbH & Co. KG
Wissenschaftliche Veröffentlichungen
Kronberg/Ts. 1976
Alle Rechte vorbehalten
Umschlagentwurf: Siegfried Schumacher
Gesamtherstellung:
Graph. Großbetrieb F. Pustet
Printed in Germany
ISBN 3-589-20530-X

Inhalt

Vorwort und eine Antwort an Wolfgang Iser   7

Germanistik in der Bundesrepublik Deutschland. Ihre Tendenzen als Wissenschaft von der neueren deutschen Literatur   13

Lyrik, Marxismus und Psychoanalyse . . .   43
    Gedanken zu Carl Pietzckers Monographie „Die Lyrik des jungen Brecht. Vom anarchischen Nihilismus zum Marxismus". (1974)

Über den Umgang mit Republikanern, Jakobinern und Zitaten   70

„Der profane Text eines profanen Autors" oder „Rückübersetzung des Materialismus in Theologie?" Rolf Tiedemann zu Walter Benjamins Thesen „Über den Begriff der Geschichte"   99

Nachweis der Erstveröffentlichungen . . .   120

# Vorwort und eine Antwort an Wolfgang Iser

Dieses Bändchen ist ein Nachtrag zu meinem Sammelwerk „Antithesen. Zwischenbilanz eines Germanisten 1970–72", Frankfurt 1973, vielleicht auch ein Nachruf. Meine dort geäußerte Hoffnung, ich könne eine wissenschaftliche Generaldebatte auslösen helfen, hat sich nicht erfüllt. Ich habe nur ein paar unwirsche Abwehrreaktionen ausgelöst. Klaus R. Scherpe hat die Einsprüche von Richard Alewyn und mir gegen seine Werther-Monographie in vager und verschlungener Weise mit der „politischen Disziplinierung einer fortschrittlichen Lehr- und Forschungspraxis" und mit einer Anfälligkeit der geisteswissenschaftlichen Literaturinterpretation für die Inanspruchnahme durch den Hitler-Faschismus in Verbindung gebracht,[1] aber in der Sache hat er kein einziges Argument zur Hand. Rolf Tiedemann hat meine Interpretation der „Geschichtsphilosophischen Thesen" Walter Benjamins bei einem Minimum an Begründung mit dem Maximalvorwurf bedacht, sie sei ein „Kuriosum".[2]

Relativ am ausführlichsten ist Wolfgang Iser auf meine Kritik an seinem Vortrag „Die Appellstruktur

---

[1] Westberliner Projekt: Grundkurs 18. Jahrhundert [Analysen]. Hrsg. Gert Mattenklott, Klaus R. Scherpe. Kronberg/Ts. 1974, S. 213. Immerhin sitzen die Herausgeber inzwischen auf Lehrstühlen; so schlimm kann es also mit der politischen Disziplinierung nicht sein.

[2] Materialien zu Benjamins Thesen „Über den Begriff der Geschichte". Beiträge und Interpretationen. Hrsg. Peter Bulthaup. Frankfurt 1975, S. 116.

der Texte. Unbestimmtheit als Wirkungsbedingung literarischer Prosa." (Konstanz 1970) eingegangen. Er wendet gegen mich ein, ich hätte die Leerstellen des Textes, mit denen seine Rezeptionsästhetik arbeitet, fälschlicherweise als konstituierende Qualitäten des Kunstcharakters genommen, während sie doch in Wirklichkeit als Kommunikationsbedingungen des Textes verstanden werden müßten.[3] Fallen aber einer Rezeptionsästhetik, der „das Gelesenwerden wichtigstes Element" der „Struktur" des Textes, ja, das Unterscheidungsmerkmal seiner Literarizität ist, nicht Kunstcharakter und spezifische Kommunikationsbedingungen des Textes in eins?[4] Iser hat mir ferner vorgehalten, es könne keine Rede davon sein, „daß die ‚Lebenserfahrungen' und ‚Lebenserwartungen' des Lesers in die Leerstellen einfließen"[5] Aber der Terminus „Leerstellen", die Formulierungen von der „Unbestimmtheit als Wirkungsbedingung literarischer Prosa", von der „Adaptierbarkeit des Textes an höchst individuellen Lebensdispositionen" provozieren dazu, an Auffüllungen mit eigenen Lebenserfahrungen zu denken.[6] Und sagt Iser nicht selbst über die Texte

---

[3] Wolfgang Iser: Im Lichte der Kritik. In: Rezeptionsästhetik. Hrsg. Rainer Warning. München 1975, S. 325–342; dort S. 326.
[4] Die Appellstruktur, S. 33; vgl. a. Isers Verwendung des Begriffs „literarische Qualität", ebd. S. 12.
[5] Im Lichte der Kritik, S. 326.
[6] Zumal Iser den von Roman Ingarden (Das literarische Kunstwerk. 2. A. Tübingen 1960) übernommenen Begriff der Leer- bzw. Unbestimmtheitsstellen in einem gegen Ingarden deutlich abgehobenen Sinn verwendet und gegen dessen „klassische Konzeption des Kunstwerks" polemisiert, in deren Zusammenhang die Auffüllung der Leerstellen auf eine bloße Komplettierung hinauslaufe,

Becketts, die ihm als Exempel für seine These dienen, sie verlangten vom Leser, „daß er alle seine Vorstellungen in die Lektüre einbringt"?[7] Spricht er nicht von Unbestimmtheit als Möglichkeit, „den Text an die eigenen Erfahrungen bzw. die eigenen Weltvorstellungen anzuschließen. Geschieht dies, dann verschwindet sie"?[8] Schon in meiner Rezension habe ich darauf hingewiesen, daß die Leerstellentheorie changiert zwischen Hervorbringung oder bloßer Aktualisierung von Beziehungen, die im Text latent angelegt gedacht werden. Auch in seiner Replik beantwortet Iser diese für mich entscheidende Frage nicht eindeutig. Er verlagert allerdings den Akzent von der in der „Appellstruktur" vorherrschenden Betonung der Lizenzen, die im Text liegen, zu den Konditionierungen, Instruktionen, Anweisungen, zum „Lenkungspotential" des Textes.[9] Das ist aber Polemik gegen mich in Form der Annäherung an meine Position, denn von der Lenkung der Aktivität des Lesers durch das Werk gehe ich ja aus.

Jedenfalls sollen meine „Pathosformeln"[10] nicht den Sachverhalt einer der Interpretation zugrundeliegenden Rezeption verdecken – ich sehe in der Reflexion

---

„so daß es konsequenterweise für Ingarden richtige und falsche Konkretisierungen gibt". s. Die Appellstruktur, S. 36 f., 13.

[7] Ebd., S. 31.
[8] Ebd., S. 13.
[9] Im Lichte der Kritik, S. 328. Vgl. neuerdings die Kritik von Horst Turk (Literaturtheorie I. Literaturwissenschaftlicher Teil. Göttingen 1976, S. 99) an Iser: »Aus dem *aktiven* Leser, in dessen Namen die Wendung gegen die traditionelle Produktions- und Darstellungsästhetik begann, wird ein Leser, der unter Erfüllungszwängen steht.«
[10] Ebd., S. 329.

auf die Bedingungen dieser Rezeption ja gerade die Wissenschaftlichkeit des Verfahrens begründet –, noch auch muß ich „untergründig"[11] die Offenheit der Werke eingestehen. Ich gestehe sie offen ein für Werke, deren „Offenheit ... ein Spezialfall der Bestimmtheit des Kunstwerks ist und wiederum völlige Bestimmtheit in der Unbestimmtheit bedeutet. Kafkas ‚Prozeß' wäre ein solcher Fall".[12] Weit davon entfernt, wie Iser mir vorwirft[13], mit meiner „vergangenen", „klassischen Interpretationsnorm"[14] auf klassische Werke fixiert und ausschließlich an ihnen orientiert zu sein, hebe ich Offenheit und Sinnverweigerung als Charakteristika moderner Werke hervor und betone ihren „negativen Bezug"[15] auf die Kategorien der traditionellen Kunst wie „Notwendigkeit, Einheit und Ganzheit".[16] Ich bin mit Iser völlig darin einig, daß moderne Kunst nicht mehr Repräsentation des Ganzen bzw. der Totalität ist und daß sie – jedenfalls sehr häufig – partial geworden ist.[17] Wir sind sogar so weit miteinander einig, daß er selbst die Eigenart der Moderne in negativem Bezug auf die Kategorien traditioneller Kunst formuliert und sie damit gleich mir – negativ, doch nicht abwertend – unter diese Kategorien stellt. Wie sollte er auch sonst verfahren; bewegt sich doch jede Moderne, soweit sie Antwort auf eine Tradition ist, in einem Bezug auf deren Kategorien.

Generell allerdings kann ich Offenheit nicht als

---

[11] Ebd., S. 329.
[12] Antithesen, S. 66.
[13] Im Lichte der Kritik, S. 329.
[14] Ebd., S. 329 f.
[15] Antithesen, S. 66.
[16] Ebd., S. 59.
[17] Im Lichte der Kritik, S. 330.

Konstituens literarischer oder poetischer Texte zugestehen. Primär entspringt das Spiel der Bedeutungen der Werke für mich dem Wechsel der historischen und individuellen Perspektiven auf sie. Doch auch hier bin ich nahe bei Iser, wenn er ein „Zusammenspiel" von „historischer Bedingtheit" der Annahmen der Interpreten und „Werkstrukturen" statuiert.[18] Es heimelt mich sogar sehr an, wenn Iser Intersubjektivität an den Werktstrukturen kontrollieren will.[19] Nichts anderes meine ich mit der Verifikation des Textverständnisses[20] (das von Iser interpolierte Attribut „objektiv" habe ich in diesem Zusammenhang nicht gebraucht; es ist merkwürdig, daß meine Kontrahenten dazu neigen, es immer da bei mir zu lesen ‚wo es nicht steht).

Wenn Iser mir durchgehendes Mißverständnis seiner Ausführungen vorwirft – wie soll man ihn dann verstehen? Wäre ich aber durchgehend Mißverständnissen zum Opfer gefallen – läge es dann nicht näher, ihre Gründe auch in der Unbestimmtheit von Isers Text zu suchen, statt sich, wie Iser es tut, darauf zu kaprizieren, „das Mißverständnis als eine zwangsläufige Konsequenz aus der von Kaiser bezogenen Position" ableiten zu wollen?[21] Erst dann kann doch die von Iser im Blick auf mich und andere Kritiker angestrebte, über die bloße Klärung von Mißverständnissen hinausgehende „Präzisierung der wirkungsästhetischen Perspektive"[22] gelungen sein, wenn sie sich nicht nur auf mich als Publikum, sondern auf das Wechselverhältnis von Text und Leser richtet.

---

[18] Ebd., S. 330.
[19] Ebd., S. 330.
[20] Antithesen, S. 57 f.
[21] Im Lichte der Kritik, S. 326.
[22] Ebd., S. 325.

Bin ich nicht zum Subjekt des Gesprächs geworden, so bei Scherpe, Tiedemann und Iser wenigstens zum Objekt ideologiekritischer bzw. wissenschaftstheoretischer „Hinterfragung" – eines Verfahrens übrigens, das ebensosehr Nietzsche wie Marx zum Ahnherrn hat (vgl. den Abschnitt „Hinterfragen" im 5. Buch der „Morgenröte"). Ist der Dialog gescheitert, sollen hier einige Monologe den Beschluß einer Selbsterklärung machen. Konnte kein Beitrag zu einer Entwicklung der Literaturwissenschaft geleistet werden, so soll es noch einmal gelten, Stellung zu nehmen und Fragen zu stellen.

Freiburg i. Br.
März 1976

Germanistik in der Bundesrepublik
Deutschland. Ihre Tendenzen als
Wissenschaft von der neueren
deutschen Literatur[1]

Daß heute die Wissenschaft von der neueren deutschen Literatur einen besonders beliebten Tagungsgegenstand abgibt, ist charakteristisch für ihre Situation. Die deutsche Germanistik ist so angefochten und zerrissen wie noch nie in ihrer Geschichte, nicht einmal nach dem Zusammenbruch von 1945, aus dem sie sich mit dem Sprung in die sogenannte werkimmanente Interpretation rettete. In der Konzentration auf das Moment der Autonomie der Werke, das in ihrer Form verankert ist, wurden häufig die außerliterarischen Bezüge gekappt und damit auch die politischen Verwicklungen abgestreift, in die sich das Fach während der Hitlerzeit hatte ziehen lassen. Immerhin begann die totale Selbstbezweiflung, in der es sich heute befindet, mit einem verspäteten Versuch der Eigen-Entnazifizierung auf dem Deutschen Germanistentag 1966 in München, einem Versuch, der nicht nur durch seine Verspätung

---

[1] Text eines Referates, das im Juni 1974 an der Rice University Houston und bei Regionaltreffen ehemaliger Stipendiaten der Alexander von Humboldt-Stiftung in Toronto, San Francisco und Boston gehalten wurde. Die Form des Vortrages ist bei der Drucklegung beibehalten. Die hier skizzierten Thesen zu Marxismus, Kritischer Theorie und Rezeptionsästhetik sind argumentativ ausgearbeitet in meinem Sammelband: Antithesen. Zwischenbilanz eines Germanisten 1970–1972. Frankfurt 1973.

problematisch war.² Hatte sich die Germanistik im Laufe ihrer Geschichte zu einer nationalen Wissenschaft aufblähen lassen, die sich zumutete, der Nation ihre Identität zu geben und sie zu hüten, so wurde nun diese Selbstüberschätzung einfach ins Negative gekehrt, indem man die Germanistik für geschichtliche Fehlentwicklungen verantwortlich machte, zu denen sie allenfalls Begleitmusik gespielt hatte.

Die Selbstkritik der Germanistik als einer deutschen Wissenschaft ist seitdem energisch fortgeführt worden – mit dem Kern an Berechtigung, daß jeweils die Philologie und Literaturwissenschaft der Muttersprache besonderen ideologischen Zwängen und Versuchungen ausgesetzt, besonders intensiv vom Zeitgeist durchtränkt sind. Darin ist begründet, daß heute kein anderes Fach der Literaturwissenschaft in Deutschland so tief in der Krise steckt wie gerade die Germanistik. Trotzdem bin ich der Ansicht, daß ihre zentralen Probleme in keiner Weise von denen anderer Philologien unterschieden sind. Ich bin deshalb gezwungen, im folgenden immer wieder die Fachgrenze zu überschreiten, weil die Situation des Faches isoliert gar nicht zu begreifen ist. Die Lage der Germanistik ist identisch mit der Lage der Literaturwissenschaft; nur werden auf ihrem Boden bevorzugt die Auseinandersetzungen ausgetragen, die in allen Literaturwissenschaften angelegt sind, ja noch mehr: Wenn man heute auf die deutsche Germanistik blickt, hat man den Eindruck, auf ihrem Feld wird mit besonderer Leidenschaft ein Kampf um ideelle, gesellschaftliche und politische Grundpositio-

---

² Nationalismus in Germanistik und Dichtung. Dokumentation des Germanistentages in München vom 17. bis 22. Oktober 1966. Hrsg. Benno von Wiese und Rudolf Henß. Berlin 1967.

nen geführt, bei dem die spezifischen Gegenstände und Fragestellungen des Faches oft nur noch ziemlich beliebige Anknüpfungspunkte bieten. Walter Benjamin hat einmal den ‚geilen Drang aufs große Ganze' als Unglück der deutschen Germanistik bezeichnet[3] – dieser geile Drang scheint sie noch heute, wenn auch unter veränderten Vorzeichen, zu beherrschen: Es geht um Totaldeutungen der Welt.

Doch wie dem auch sei – richtig ist jedenfalls, daß das Elend der Germanistik ein viel allgemeineres Elend ist, letzten Endes ein Elend der Kultur- und Kunstwissenschaften überhaupt. Während in den kommunistisch regierten Staaten zumindest offiziell unter dem Schlagwort der Pflege und Weiterentwicklung des kulturellen Erbes ein eher konservatives Geschichts- und Kulturbewußtsein bewahrt, ein Kanon geschichtlicher und kultureller Bildungsnormen etabliert wird, ist in den westlichen Industrienationen das Einverständnis über Bildung, Kultur, Geschichte, ihre Funktion und ihre Inhalte fast völlig verlorengegangen, das, wenn auch noch so vage, fließend und widerspruchsvoll, in Deutschland sogar den Zusammenbruch von 1945 überdauert hatte. Dem entspricht, daß die Kunst als empfindlichster Seismograph der Zeitsituation an dem Punkt einer äußersten Selbstkritik und Selbstbezweiflung, ja am Punkt ihrer Selbstaufhebung angelangt ist – ein Sachverhalt, der mit Eindringlichkeit von Theodor W. Adorno auf seine Zeitsymptomatik hin gedeutet worden ist. Das Schlagwort der Hegelzeit vom Ende der Kunstperiode ist heute so wahr wie nie und läßt sich erweitern zur Parole vom Ende der Kultur,

---

[3] W. B.: Angelus Novus. Ausgew. Schr. 2. Frankfurt 1966, S. 452.

nicht im Sinne einer reißerischen Weltuntergangsreklame, sondern in dem Sinne, daß Kultur immer vorab ein von gesellschaftlichen Einverständnissen getragener Kanon der Werte und Ideen ist. Wo er verlorengeht, haben die Kulturwissenschaften ihren Gegenstand verloren und müssen mit sich selbst auch ihren Gegenstand neu konstituieren, mit dem Berechtigungsnachweis für sich auch den für ihr Forschungsobjekt führen. Noch weiter: Sie müssen mit dem Berechtigungsnachweis für sich und ihr Objekt auch einen Anspruch an die Gesellschaft formulieren; nämlich daß sie eine Kulturgesellschaft zu sein hat, sofern Kultur nicht nur ein individuelles Steckenpferd oder ein Code der Zugehörigkeit zu bestimmten sozialen Schichten, sondern eine wesentliche Dimension der menschlichen Existenz ist.

Den Generalangriff gegen das herrschende Verständnis von Kultur hat in Deutschland die Studentenbewegung der ausgehenden sechziger Jahre unter Berufung vor allem auf Herbert Marcuses Streitschrift *Über den affirmativen Charakter der Kultur* (Paris, 1937) geführt. Gemessen am Ideal einer vollkommenen Gesellschaft, in dem sich bei Marcuse marxistische und Wandervogelzüge mischen, erscheint die Kultur, speziell die Kunst, als das Medium, in dem die bürgerliche Gesellschaft ein Bild der Freiheit entwirft und zugleich derart neutralisiert, daß es zur Zementierung der bestehenden Unfreiheit beiträgt. Kunst und Kultur sind Kunst und Kultur der Herrschenden, Opium fürs Volk, indem sie Ersatzbefriedigungen schaffen, wo reales Glück verweigert wird, und folgenlose Scheinrevolten durchführen, wo die wirkliche Umwälzung der Verhältnisse notwendig wäre. Paradox formuliert gewönnen Kunst und Kultur erst in *dem*

Moment ihre Berechtigung, in dem ihre Gehalte und Forderungen in Lebenspraxis überführt und aufgehoben wären. Aus diesem Ansatz hat sich bei radikalen Studentengruppen ein Praxisfetischismus entwickelt, der mit der Kultur auch die Kulturwissenschaften abschrieb und zu einer Ästhetisierung der Gewalt führte, wie sie etwa bei Daniel Cohn-Bendit zu beobachten ist, während innerhalb der Kultur- und Literaturwissenschaften die ideologiekritische Betrachtungsweise bei Marcuse ihren Rückhalt gewann, die heute auch in der Germanistik weithin das Feld beherrscht. Das literarische Werk wird in seinen ideologischen Gehalten und seiner ideologischen Funktion als falsches Bewußtsein entlarvt. Charakteristischerweise wurde Marcuses Wendung, wie sie sich schon 1965 in den ‚Bemerkungen zu einer Neubestimmung der Kultur' kundtat, kaum rezipiert. Die Revolution hat längst ihren Vater gefressen, der inzwischen in der Kultur die ‚Zuflucht und das Refugium' verklärte, ‚in dem vergessene oder unterdrückte Wahrheiten und Bilder überwintern.'[4] Bei Friedrich Schlegel kann man anderthalb Jahrhunderte früher ähnliches lesen: ‚Es ist ein schönes Verdienst der modernen Poesie, daß so vieles Gute und Große, was in den Verfassungen, der Gesellschaft, der Schulweisheit verkannt, verdrängt und verscheucht worden war, bei ihr bald Schutz und Zuflucht, bald Pflege und eine Heimat fand.'[5] Marcuse offenbart sich in dieser Nachbarschaft als das, was er letzten Endes ist: ein Romantiker, dessen Kulturphilo-

---

[4] H. M.: Kultur und Gesellschaft 2. Frankfurt 1965 (edition suhrkamp 135), S. 167.
[5] F. Sch.: ‚Über das Studium der griechischen Poesie.' Krit. Schr. Hrsg. Wolfdietrich Rasch. München o. J., S. 114.

sophie in der Aporie endet. Fragt der frühere Aufsatz nicht nach dem Weg zur vollkommenen Gesellschaft, so weist der spätere resigniert auf einen, der keiner ist: Marcuse sieht nicht, daß sein Versuch, für die kritischen Gehalte der Kultur und Kunst einen Freiraum zu schaffen und zu sichern, nur umso schärfer das heraustreibt, was er als affirmativen Charakter der Kunst und Kultur diffamierte.

Nicht so breit, aber tiefer in der Wirkung auf die Kunst- und Kulturwissenschaften war die Kritische Theorie Theodor W. Adornos, deren ideologiekritischer Zug sehr viel differenzierter ist als der Marcuses. Adornos Ästhetik faßt die von Marcuse nacheinander in den Blick genommenen Momente des Kunstwerkes dialektisch in eins, indem sie es als Sündenfall und Versöhnung zugleich bestimmt. Das Kunstwerk ist Versöhnung darin, daß es in der Negation des Vorhandenen einen Vorschein kommender Natur aus sich entläßt, in der das Prinzip der Herrschaft ausgelöscht ist. Es ist Sündenfall darin, daß es, als bloßer Vorschein, auch nur einen Schein von Erlösung bringt, den Bann nicht aufbrechen kann, unter dem die menschliche Gesellschaft bei Adorno in toto steht. Er ist so zwingend, daß Theorie die einzige dem Menschen mögliche Form von Praxis bleibt – eine Extremposition, die wohl als Anathema gegen alles Bestehende Anklang fand, nicht aber auf die Dauer als ebenso entschiedene Absage an das Handeln. Bemerkenswert immerhin, daß auch in der Aufnahme Adornos sehr viel mehr die ideologiekritische Tendenz durchschlug, weniger die ästhetische Hochschätzung der Form als Sprache der Werke, in welcher der Chor des Vielen laut wird. Adornos subtile Beziehung von Kunst und Philosophie aufeinander dergestalt, daß die begriffslose Sprache der Werke durch Philosophie zur Sprache gebracht, die Philosophie aber durch diese Begriffslosigkeit der Kunst an ihr Ende geführt wird, ist von der zünftigen Wissenschaft noch nicht voll wahrgenommen worden. Das gleiche gilt von der Einsicht in die prozessualen Spannungen und Brüche im Inneren gerade der bedeutenden Werke und in ihrem Verhältnis zur Gesellschaft sowie für Adornos negativ dialektische Akzentuierung des subjektiven Moments der Werke.

Bei allen gravierenden Unterschieden haben Marcuse und die an Adorno anschließende Kritische Theorie eines gemein: Sie haben den marxistischen Glauben an das Proletariat als das von der Geschichte mit objektiver Notwendigkeit hervorgebrachte Subjekt der Weltrevolution verloren. Erscheint im eschatologischen Glanz des Kommunismus die Arbeiterklasse als Messias der Menschheit, so vollziehen Walter Benjamins *Geschichtsphilosophische Thesen* die Retheologisierung dieses Säkularisats: Der Messias wird zum Subjekt der Revolution. Während dem klassischen Marxismus die Arbeiterklasse zum richtigen Bewußtsein bestimmt ist, sehen Marcuse und Adorno das Diabolische des Kapitalismus gerade in einer universalen, vor keiner Klassengrenze haltmachenden Tendenz und Fähigkeit zur Deformierung der menschlichen Psyche. Hier gründet ein Interesse an der Psychoanalyse, das dem orthodoxen Marxismus völlig fremd, ja konträr ist. Psychische Zwänge werden als Verinnerung gesellschaftlicher Konfliktlagen erfaßt; es geht darum, nicht zuletzt mit Hilfe der Aufarbeitung solcher Zwänge, den Träger der Revolution erst herzustellen – so etwa ließe sich die Position Marcuses beschreiben. Eine andere Verbindung von der dialektischen Sozialwissenschaft zur Psychoanalyse läuft über Jürgen Habermas, der in Polemik gegen die traditionelle Hermeneutik von Hans-Georg Gadamer ein neues Hermeneutik-Modell an der Psychoanalyse gewinnen möchte. Während Gadamers Hermeneutik intersubjektive Verständigung im Medium der durch Geschichte vorgegebenen und legitimierten kulturellen Formen und Substanzen sucht, ohne diese weiter in Frage zu stellen – so Habermas' Vorwurf –, bringt das psychoanalytische Gesprächsmodell das Moment an Herrschaft und Entstellung in Rechnung, das bei der Verständigung im Gegebenen zugleich in ihm abgebaut werden muß. Über Habermas und Marcuse hinaus ist allerdings inzwischen längst ein Brückenschlag von der Psychoanalyse zum orthodoxen Marxismus versucht worden, wobei der abtrünnige Freud-Jünger Wilhelm Reich, der Theoretiker des Orgasmus, als Bindeglied entdeckt wurde und eine erstaunliche Renaissance erfuhr. Dabei ist jedoch weder die Grundsatzproblematik im Verhältnis von Marxismus und Psychoanalyse noch die Grundproblematik im Verhältnis von Psychoanalyse und Literatur in befriedigender Weise aufgearbeitet worden.

Das letztere gilt auch für die nicht marxistischen psychoanalytischen Literaturuntersuchungen, deren Tradition ja bis auf Freud zurückgeht, denen aber seit Freud viel von dessen skeptischer Selbstbescheidung gegenüber der Kunst verlorengegangen ist. Ein Beispiel für das im Augenblick Erreichte, vielleicht für das Erreichbare ist die ‚Einführung' des Schweizer Germanisten Peter von Matt *Literaturwissenschaft und Psychoanalyse*.[6] Trotz ausgeprägten Problembewußtseins

---

[6] Freiburg 1971.

und trotz der Betonung des experimentellen und relativen Charakters der gewonnenen Ergebnisse zeigt sich bei Matt deutlich die Gefahr dieses Ansatzes, das reiche Gewebe der literarischen Texte auf zu einfache Grundmuster zu reduzieren. So geht etwa Matts These, Schillers *Wilhelm Tell* habe zum ‚psychodramatischen Substrat' den Übergang von der Vaterhorde zum Brüder-Clan, bei dem Geßler als Vatergestalt ermordet werde,[7] über klare Textbefunde hinweg: nach ihnen vollzieht sich der Übergang von der patriarchalischen Gesellschaft zum Volk von Brüdern zunächst innerhalb der Landsmannschaft der Schweizer – Zeichen dafür sind Vision und Tod Attinghausens bei der Nachricht vom Abschluß des Rütlibundes – und Geßler ist gerade Inbegriff der Mediatisierung und Zerrüttung der patriarchalischen Beziehung zwischen dem Kaiser und den Schweizern, in die sich der landfremde und völlig bindungslose Landvogt schiebt.[8] Es bleibt die Aufgabe einer Literaturpsychologie, das Untersuchungsfeld Literatur und Psychoanalyse systematisch nach seinen Aspekten – als Psychoanalyse des Autors, Psychoanalyse der literarischen Wirkung, Psychoanalyse literarischer Gehalte – und auf deren Zusammenhang hin zu entfalten. Die größten Schwierigkeiten dürften dabei für die Gewinnung eines psychoanalytisch begründeten Begriffes der literarischen Form bestehen, zumal die strukturalistische Neuprägung der Psychoanalyse, etwa bei Jacques Lacan, die das Unbewußte als Sprache zu fassen versucht, in der deutschen

---

[7] Matt, S. 54 ff.
[8] Vgl. Gerhard Kaiser: Idylle und Revolution. Schillers Wilhelm Tell. In: Deutsche Literatur und Französische Revolution. Göttingen 1974 (Kleine Vandenhoeck-Reihe 1395).

Literaturwissenschaft bisher kaum rezipiert worden ist. Sie steht noch ziemlich hilflos vor der Frage, was beim Autor und beim Publikum geschieht, wenn Psychisches sich als künstlerische Form darbietet; warum und worin der Autor seine regressive Phantasietätigkeit beherrschen kann; warum und worin uns Kunstwerke tiefer in Mitleidenschaft ziehen als Krankengeschichten oder Träume und zugleich tiefer frei lassen.

Was ich eben schon für den Bereich der psychoanalytisch orientierten Literaturwissenschaft betonte, das Weiterdrängen zum orthodoxen Marxismus, das gilt für einen Großteil der sich als progressiv verstehenden Germanistik. Wie Marcuse ist auch Theodor W. Adorno in dieser stürmischen Bewegung auf der Strecke geblieben. An die Stelle der Kritik an der etablierten Wissenschaft mit Hilfe Adornos ist längst die Kritik an Adorno mit Hilfe des Marxismus getreten. Dabei spielt die Berufung auf Walter Benjamin eine erhebliche Rolle, dessen Rezeptionsgeschichte in ziemlichen Windungen verläuft. Einer Epoche der Rezeption seiner Forschungsergebnisse, speziell des berühmten und genialen Werkes über den *Ursprung des deutschen Trauerspiels*, folgte der Versuch, sich seiner Denkmethode zu versichern, die Einsicht, daß bei Benjamin die Frage der Richtigkeit seiner materialen Ergebnisse, um die es oft zweifelhaft bestellt sein mag, hinter der nach ihrem Stellenwert im Gefüge seines Denkens zurückzutreten hat. Dabei brach alsbald eine Frontstellung auf, in der Benjamin mehr oder weniger zerrieben worden ist. Die Adorno-Schule, voran Rolf Tiedemann, versuchte, Benjamin für die Kritische Theorie zu vereinnahmen; die westdeutschen Marxisten unternahmen es, Benjamins These vom Zerfall der auratischen Kunst, seine Hoffnung auf kollektive Wirkungen mit Hilfe der technischen Medien gegen Adornos esoterische, aufs Subjekt gestellte Ästhetik auszuspielen. Beide Parteien radierten dabei rücksichtslos aus, was nicht in ihr Bild paßte — in erster Linie den eminenten jüdisch-theologischen Zug in Benjamins Denken.

Am verwunderlichsten an der westdeutschen marxistischen Literaturwissenschaft ist ihr geringes Interesse an dem doch wohl bedeutendsten marxistischen Literaturwissenschaftler, an Georg Lukács, der 1956 in der DDR dem Revisionismusverdikt verfiel, ohne daß die marxistische Kritik die von ihm erarbeiteten Positionen in höheren hätte aufheben können. Speziell das Kernthema von Lukács' Ästhetik, die Frage nach dem Eigentümlichen der Kunst unter allen Äußerungen des menschlichen Geistes, ist eher fallengelassen als weitergeführt worden. Lukács' Auffassung, die Kunst sei ‚die angemessenste und höchste Äußerungsweise des Selbstbewußtseins der Menschheit',[9] ist ohne Resonanz. Seine These eines Signalsystems 1', seine tiefdringenden Überlegungen über die Kategorie des Besonderen, seine Bestimmung der Kunst als Anthropomorphisierung des vom abstrakten Denken und der Wissenschaft desanthropomorphisierten Weltbildes finden heute bei orthodoxen Marxisten ähnlich geringe Gegenliebe wie Ernst Blochs Hinblick auf die antizipatorische Dimension der Kunst und Literatur. Sie beschränken sich weithin darauf, Kunst als Moment und Dokument der wirklichen oder vermeintlichen Klassenkämpfe zu begreifen, ihre gesellschaftskritischen oder affirmativen Inhalte herauszuholen und aus dem Werkzusammen-

---

[9] G. L.: Die Eigenart des Ästhetischen. 1. Halbband Neuwied/Berlin 1963, S. 616.

hang zu isolieren, ein dogmatisch fixiertes, zum Überdruß bekanntes Geschichtsbild mit Hilfe von Literatur zu illuminieren. Wieder fühlt man sich, trotz aller Farbunterschiede, an eine sinistre Impression Walter Benjamins von der deutschen Germanistik vor der nationalsozialistischen Machtergreifung erinnert: ‚Die ganze Unternehmung ruft für den, der in Dingen der Dichtung zu Hause ist, den unheimlichen Eindruck hervor, es käme in ihr schönes, festes Haus mit dem Vorgeben, seine Schätze und Herrlichkeiten bewundern zu wollen, mit schweren Schritten eine Kompanie von Söldnern hineinmarschiert, und im Augenblick wird es klar: die scheren sich den Teufel um die Ordnung und das Inventar des Hauses; die sind hier eingerückt, weil es so günstig liegt, und sich von ihm aus ein Brückenkopf oder eine Eisenbahnlinie beschießen läßt, deren Verteidigung im Bürgerkriege wichtig ist.'[10] Dabei wanken die Säulen der marxistischen Ästhetik und Poetik: sowohl die Theorie von der Bedingung des Überbaus durch die Basis als auch die Widerspiegelungstheorie.[11] Das Moment individueller Entscheidun-

---

[10] W. B.: Angelus Novus, S. 453.
[11] Marxisten wie Ernst Fischer, Vertreter der Kritischen Theorie wie Theodor W. Adorno verwerfen die Widerspiegelungstheorie, weil sie das Realitätsverhältnis der Werke, ihre Vermittlungen zu Basis und Überbau nicht in den Griff bekommt. Karel Kosík lehnt in seiner »Dialektik des Konkreten« die Basis-Überbau-Theorie als „Fetischisierung der Ökonomie" ab (Frankfurt, 1967, S. 116), ein anderer Marxist, Lucien Goldmann, weicht die Bedingtheit des Überbaus durch die Basis in eine „Homologie" auf; Walter Benjamin höhlt die Basis-Überbau-Lehre aus, indem er den Überbau als „Ausdruck des Unterbaus" faßt (aus einem Ms. zitiert bei Rolf Tiedemann, „Studien zur Philosophie Walter Benjamins," Frankfurt 1965, S. 106) — wie Homologie eine Kategorie,

gen, die ein Leben prägen; das Moment individueller
Erfahrung, in dem alle Kunst gründet – nach Adorno
ist Kunst darin die geschichtsphilosophische Wahrheit
des an sich unwahren Solipsismus – verkommt in der
Beliebigkeit, mit der die jeweiligen politischen und gesellschaftlichen
Verhältnisse einmal als Bedingungs-,
ein andermal als Ermöglichungsrahmen des individuellen
Verhaltens gefaßt werden. Selbst eine anspruchsvolle
Untersuchung wie die neuerdings erschienene
von Heinz Schlaffer über den *Bürger als Held*, die im
Untertitel eine ‚sozialgeschichtliche Auflösung literarischer
Widersprüche' verspricht, hat für die literarisch
produktiven Individuen keinen höheren Rang zu vergeben,
als daß ‚gerade ihre Mißverständnisse, Einseitigkeiten,
Ideologien, Schematisierungen, Poetisierungen
... dem Werk ästhetische Besonderheit bis in die
Details' vermitteln.[12] Daß Poetisierung hier in eine
Reihe mit negativen Charakteristika wie Einseitigkeiten
und Schematisierungen gerutscht ist, zeigt, daß
auch bei Schlaffer die Vorstellung von Literatur als
falschem Bewußtsein leitend bleibt.[13] Das Individuelle

---

die mit Dialektik nicht das Geringste zu tun hat. Mit gutem
Grund hat jüngst die Redaktion der politisch rechter
Neigungen gewiß unverdächtigen Zeitschrift »Alternative«
unter Berufung auf Althussers Analyse des Engelsschen
Begriffes „ökonomische Determinante in letzter Instanz"
(in: „Für Marx", S. 866) festgestellt, „daß gerade
das Basis-Überbau-Verhältnis bei Marx und Engels an
entscheidenden Stellen nicht geklärt, sondern metaphorisch
gefaßt ist ..." (Alternative, 84/85. 1972, S. 113).

[12] Der Bürger als Held. Frankfurt 1973 (edition suhrkamp 624), S. 149; im unvermittelten Widerspruch dazu stehen S. 154 „Individualität und Rang eines Werkes" gleichgeordnet nebeneinander.

[13] Vgl. ebd. auch S. 137, 148.

wird zum Defekt,[14] und trotz theoretischer Ablehnung einer unvermittelten Beziehung von ästhetischen Phänomenen und Gesellschaft aufeinander[15] nimmt Schlaffer in der Praxis seiner sozialgeschichtlichen Hermeneutik fast unglaubliche Reduktionen vor. So wird das Auklärungsprinzip der Kritik abgeleitet aus dem kapitalistischen Bestreben, ‚auf dem Markt die beste Ware zu wählen‘;[16] für Lessings Toleranzmodell im *Nathan* haben ‚zweifellos [!] ... die Gesetze des Marktes zur Vorlage gedient ...‘;[17] das Sittliche und Notwendige Hegels sind für Schlaffer ‚Abstraktionen,‘ die Lessing als Liebe und Geld ‚wieder [!] sinnfällig macht.‘[18] So läßt sich natürlich alles aus allem machen.

---

[14] Dagegen gibt jüngst der sowjetische Ästhetiker Wladimir Tolstoi eine Apologie des Individualitätsbegriffs: „Das humanistische Prinzip der Entfaltung der Persönlichkeit ... die Anerkennung des Wertes eines jeden menschlichen Individuums, die während der Epoche der Herausbildung und des Aufschwungs kapitalistischer Verhältnisse so rigoros verteidigt wurden, werden jetzt von den neuesten Ideologen der linksbürgerlichen Sekte ... verleugnet und vom Thron gestoßen, wohingegen dieses humanistische Prinzip als nicht wegzudenkender Bestandteil in unsere sozialistische Konzeption des harmonisch entwickelten Menschen der Zukunft übernommen wird." In der Tat formuliert Tolstoi das Ideal der „schöpferischen" bzw. der „allseitig entwickelten Persönlichkeit," der „schöpferischen Individualität," der „unwiederholbaren Eigenart" ganz im Sinne der klassischen bürgerlichen Tradition (W. T., „Standardisierung und Entfaltung der Persönlichkeit" [I], in: Bildende Kunst, 77. 1974, S. 38–40, dort S. 40. Vgl. a. Adam Schaff: Marxismus und das menschliche Individuum. 1965.
[15] Schlaffer: S. 150.
[16] Ebd., S. 144.
[17] Ebd., S. 109.
[18] Ebd., S. 89.

Insgesamt muß heute gegen die marxistische Literaturwissenschaft in Deutschland ebenso wie weithin gegen die psychoanalytische Literaturbetrachtung der Vorwurf erhoben werden, daß sie in der Literatur zwar einen spezifischen Gegenstand, aber nicht das Spezifische ihres Gegenstandes haben. Überhaupt verblüfft es sowohl an der marxistischen wie an Teilen der psychoanalytisch orientierten Literaturwissenschaft, wie naiv sie sich ein Fundament außerhalb der eigenen wissenschaftlichen Kompetenz vorgeben lassen, das im Bereich der zuständigen Wissenschaften in höchstem Grade umstritten ist. Während die Nationalökonomie den Marxismus als widerlegt betrachtet und innerhalb des Marxismus die Richtungskämpfe toben, während die Psychoanalyse von der Verhaltenstherapie attackiert und in zahllose Schulen aufgesplittert ist, lesen Literaturwissenschaftler Freud und Marx wie gläubige Christen die Bibel, befestigt im Glauben durch Unkenntnis der Häretiker: Jung oder Adler, Sartre oder Dubček haben für sie nie gelebt. Viele Vertreter einer Generation, die sich für kritisch hält, sind in einer noch vor 10 Jahren unvorstellbaren Weise der Ideologisierung verfallen, in der einst signifikante Begriffe von einiger philosophischer Dignität, z. B. Habermas' Begriffspaar Erkenntnis und Interesse, zu Schlagworten entartet sind.

Sowohl die marxistische wie die psychoanalytische Literaturdeutung haben heute die sog. werkimmanente Interpretation, die, in Korrespondenz zum New Criticism, jahrelang das Feld der Literaturwissenschaft beherrschte, von Grund auf diskreditiert. Namen, die lange Zeit repräsentativ waren für die Germanistik, sind zum Popanz für Leute geworden, die oft nur diese Namen kennen. In allen Übertreibungen der Kritik steckt allerdings ein Wahrheitskern. Wenn auch die immanente Interpretation nie so immanent war, wie ihre Kritiker heute glauben machen möchten, hat sie doch die Literaturgeschichte allzusehr in Einzelwerke aufgelöst und von der allgemeinen Geschichte abgelöst, damit die Deutung des Einzelwerkes allzu weit der intuitiven Verschmelzung von Werkindividualität und Deuterindividualität ausgeliefert. Diese Vorwürfe werden auch von den beiden anderen Richtungen erhoben, die heute neben Marxismus und Psychoanalyse in der Germanistik im Vordergrund stehen, im Unterschied zu diesen aber im engeren Sinne literaturwissenschaftliche Methoden sind oder literaturwissenschaftliche Verfahrensweisen ausgebildet haben. Ich meine Strukturalismus und Rezeptionsästhetik. Im Vergleich mit der französischen Szene, wo man etwa auf Roland Barthes oder Lucien Goldmann hinweisen könnte, hat sich der Strukturalismus in Deutschland noch weniger von der modernen Linguistik emanzipiert. Immerhin richtet sich auch hier die Tendenz auf eine Grammatik der poetischen Zeichen, die als letzte einfache Elemente aufgefaßt werden. Während sich die Interpretation im hermeneutischen Zirkel weiß, innerhalb dessen sie das einzelne Moment des Werkes immer nur im Vorgriff auf das Ganze erfassen kann, das doch seinerseits erst im vollen Durchgang durch alle Einzelheiten definitiv und umfassend heraustritt, verhält sich der Strukturalismus analytisch. Die Analyse geht davon aus, daß ‚das Werk aus einander überlagernden Ebenen besteht: der phonologischen, phonetischen, syntaktischen, prosodischen, semantischen usw.'[19] Jede ist aufgebaut aus

---

[19] Roman Jakobson und Claude Lévi-Strauss, ,,„Les chats" de Baudelaire'. In: L'homme. Revue française d'anthro-

einer Kombination von Elementen. Die analytische Untersuchung löst den literarischen Text in diese Ebenen und ihre Elemente auf und betrachtet deren funktionale Beziehungen untereinander. Soweit meine geringe Vertrautheit mit diesem Ansatz reicht, liegt seine Schwäche allerdings darin, daß die prätendierte Exaktheit in dem Moment verlorengeht, wo nicht mehr formale, sondern inhaltliche Elemente höherer Ordnung wie etwa Realität oder Irrealität, Belebtheit oder Unbelebtheit, Personalität oder A-Personalität in binäre Oppositionen gebracht werden, die als verschämt versteckte Implikationen die gleichen nur historisch-phänomenologisch beschreibbaren Züge enthalten, die in der Interpretation offen nach außen gekehrt werden. Eine ähnliche Unexaktheit tritt ein, wo es gilt, die Elemente verschiedener Ebenen miteinander zu verknüpfen oder eine Rangordnung von Äquivalenzklassen herzustellen. Ein Beispiel dieser Schwierigkeiten ist die vieldiskutierte Musterinterpretation des Baudelaire-Gedichtes ‚Les Chats' durch Roman Jakobson und Claude Lévi-Strauss. Letzten Endes laufen die Probleme eines literaturwissenschaftlichen Strukturalismus in die Frage zusammen, wie Kunstwerke, also durchaus individuelle Gebilde, angemessen als Gefüge aus generalisierenden und generalisierten Elementen erfaßt werden können. In der Phonologie konnte man einen entscheidenden Fortschritt erzielen, als man sich entschloß, von den hörbaren Varianten eines Lautes zum Phonem als abstraktem Laut überzuspringen, dessen Realität darin besteht, zu einem System zu gehö-

---

pologie, II, 1. 1962, S. 5–21. Deutsche Übersetzung von E. Köhler, V. Kuhn, R. Posner, D. Wunderlich, in: Sprache im technischen Zeitalter. 29, 1969, S. 1–19, dort S. 2.

ren. Aber sind literarische Texte als mehr oder weniger ‚unreine' Manifestationen eines abstrakten Systems der poetischen Rede, als formalisierbare Exemplare von Textsorten denkbar? Der Romanist Hugo Friedrich hat diese Frage mit der Begründung verneint, daß der Text ‚ein komponiertes und einmaliges Sinngebilde ist.' ‚Wir stehen bei der Poesie, als der subtilsten Weise der Literatur, vor einer Erscheinung, die man mittels linguistischer oder gar strukturalistischer Erklärung nicht erschöpfen kann: vor der Erscheinung nämlich, daß die Poesie weniger die Einlinigkeit als die Vielstrahligkeit oder auch die Verschiebung der Wortbedeutungen anstrebt, weshalb eine Dichtung mehrfachen Sinnzuwachs derjenigen Sprache bewirkt, in der sie geschrieben ist.'[20] Was in der Linguistik negativ als systemunerhebliche Modifikation der Norm gefaßt werden kann, ist deshalb in der Poetik positiv das am Werk, was sein Interesse ausmacht. Infolgedessen ist jedes Werk ebensosehr Infragestellung wie Exempel der Poetik – eine Spannung, die wissenschaftlich durchgehalten werden muß.

Wie der Strukturalismus ist auch die Rezeptionsästhetik in erster Linie funktional orientiert. Ihre Hauptvertreter sind in Deutschland der Romanist Hans Robert Jauss und der Anglist Wolfgang Iser. Im Unterschied zur Produktionsästhetik, die nach der Entstehung, zur Werkästhetik, die nach der Inhalt-Formrelation der Werke, und zur Wirkungsästhetik, die nach der Wirkungsintention der Werke fragt, sieht

---

[20] ‚Strukturalismus und Struktur in literaturwissenschaftlicher Hinsicht. Eine Skizze.' In: Europäische Aufklärung. Festschrift für Herbert Dieckmann. Hrsg. H. F. und Fritz Schalk. München 1967, S. 77–86, dort S. 80, 82.

die Rezeptionsästhetik ‚das literarische Werk in seinem Kunstcharakter wie in seiner Geschichtlichkeit' durch das dialogische Verhältnis von Literatur und Leser ‚primär bedingt.'[21] Es geht ihr weniger um das Werk und den Autor als um den Wirkungszusammenhang, der sich im Dreieck Autor-Werk-Publikum konstituiert. Soweit damit ein bisher vernachlässigtes Feld der literaturwissenschaftlichen Forschung energisch erschlossen wird, hat die Rezeptionsästhetik ein unbestreitbares Verdienst; problematisch wird sie in der Tendenz, Produktions- und Werkästhetik für obsolet zu erklären und das Werk auf eine Komponente seiner Rezeptionsgeschichte zu reduzieren. In der Konzentration auf den Rezeptionszusammenhang und die Rezeptionsweisen entsteht aber in dem Augenblick eine Dunkelzone, in dem die allein von Werk- und Produktionsästhetik her zu klärenden Fragen unterlaufen werden, welche Rezeptionsweisen von Autor und Werk eingefordert, also im Werk schon prädisponiert sind, und welche anderen vom Publikum aus seiner Erwartung und Erfahrung an das Werk herangetragen werden; m. a. W.: wie weit die Rezeption der Werke angemessen ist oder nicht, ja noch prinzipieller: wie weit das Werk als Kunstwerk darauf angelegt ist, sich gegen Kommunikationserwartungen und Konsumption zu sträuben – ein Aspekt der Werke, den vor allem

---

[21] Hans Robert Jauss: Literaturgeschichte als Provokation der Literaturwissenschaft, Konstanzer Universitätsreden 3. Konstanz, 1967, S. 27. Überarbeiteter Neudruck in dem unter gleichem Titel erschienenen Band 418 der edition suhrkamp (Frankfurt, 1970). Für Wolfgang Iser siehe vor allem seinen Vortrag über: Die Appellstruktur der Texte. Konstanzer Universitätsreden 28 (Konstanz, 1970), und meine Auseinandersetzung damit in G. K.: Antithesen, S. 51–70.

Theodor W. Adorno herausgearbeitet hat. Es ist eine simple Wahrheit, daß die Rezeption nicht das Werk ist, sondern weithin auch Verstellung, Verschüttung, Korrumpierung des Werks. Einer modernen Kommunikationsästhetik jedenfalls, die man als systematische Basis der historisch orientierten Rezeptionsästhetik auffassen könnte und die im Werk-Leserverhältnis nichts anderes sieht als eine Form der Kommunikation unter anderen, vermöchte man Walter Benjamins Bonmot entgegenzuhalten: „... kein Gedicht gilt dem Leser, kein Bild dem Beschauer, keine Symphonie der Hörerschaft.'[22]

Soweit Marxismus, Psychoanalyse, Strukturalismus, Rezeptions- und Kommunikationsästhetik einig sind in der Zurückdrängung des Autonomiemoments der Werke, durch das sie sich im Vergleich zur empirischen Realität als Gebilde höherer Dichte und Organisation, freilich auch als Gebilde eines von Praxis freigesetzten Spiels erweisen, entsprechen sie einer breiten Strömung der gegenwärtigen Germanistik, die nicht methodisch, sondern stofflich zu beschreiben ist: der Tendenz, den Literaturbegriff möglichst weit zu fassen, ja am besten die Literaturwissenschaft in einer allgemeinen Medienwissenschaft aufgehen zu lassen. Sogenannte Trivialliteratur, aber auch Zeitungs- und Zeitschriftenwesen, Film und Fernsehen finden eine ganz neue Aufmerksamkeit. Auch hier ist festzustellen, daß damit lange vernachlässigte Aufgaben des Faches in Angriff genommen werden, freilich mit einer gefährlichen Tendenz zur Ausschließlichkeit. Es ist sicher wichtig, den psychologischen Mechanismen des Literaturbetrie-

---

[22] W. B.: Illuminationen. Ausgew. Schr. Hrsg. Siegfried Unseld. Frankfurt 1969, S. 56.

bes im Spiel von Käufererwartung und Bedürfnisbefriedigung, der politischen Manipulation mit Hilfe der Massenmedien, der repressiven, auf Einpassung in gegebene soziale Systeme hinauslaufenden Wirkung der Trivialliteratur oder einer pseudo-emanzipativen Pornographie nachzugehen. Unter dem quantitativen Aspekt ihrer Wirkungsbreite ist jede Nummer der *Quick* oder des *Stern* bei weitem wichtiger als esoterische literarische Werke wie etwa Hardenbergs Manifest *Die Christenheit oder Europa*, nicht aber unter dem des Wirkungspotentials, das es historisch-kritisch zu erschließen gilt, und der Wirkungsintensität, die solchen exklusiven Schriften Schlüsselfunktion in der Geschichte der Selbstentwürfe und Selbstdeutungen des Menschen und der Gesellschaft zuweisen kann. Vernachlässigung der Literatur höchsten Ranges, Einebnung der Rangunterschiede überhaupt bedeutet deshalb die Vernachlässigung der aufklärerischen Energien, die in Literatur stecken, zugunsten der Aufdeckung von Repressionsmechanismen, die, einmal durchschaut, uns bei jeder weiteren Begegnung mit ihnen nur noch das ‚Aha' des ideologiekritischen Routiniers entlocken. Letztendlich weist aber das Kunstwerk den Menschen auf dem Wege durch Identifikation und Distanzierung zu seiner Identität, gerade indem es ihn mit dem Unerwarteten konfrontiert, gerade auch durch Verweigerung autoritärer Antworten und Lösungen, die sonst den Menschen von überall her in einem Maße bedrängen, daß sie ihm schon zum geheimen Bedürfnis geworden sind – selbst da, wo er sich mit der Geste des radikalen Denkers den Kirchenvätern kritischer Rationalität in die Arme wirft. Das Kunstwerk zwingt jeden zu einer Antwort ‚unter Beibringung seiner eigenen Geschichte, seiner Sprache, seiner Freiheit; da jedoch Geschichte, Sprache und Freiheit sich unablässig ändern, ist die Antwort der Welt auf einen Schriftsteller nie beendet: man hört nie auf, eine Antwort auf das zu geben, was außerhalb aller Antwort geschrieben wurde.' So Roland Barthes.[23]

Die Faszination durch radikale Neuansätze sollte den Blick nicht dafür trüben, daß auch im Bereich traditioneller Fragestellungen des Faches weitreichende Entwicklungen stattgefunden haben. Sie liegen in erster Linie in einer Wiederannäherung von Literaturgeschichte, Geistesgeschichte und Interpretation, die unter der Dominanz der Interpretation auseinandergetreten waren. Emil Staiger, der in der existentialontologischen Verankerung der dichterischen Haltungen immer einen übergreifenden anthropologischen Bezug der Interpretation bewahrt hatte, hat einen neuen Übergang von der Interpretation zur Literaturgeschichte angebahnt. Peter Szondi, Wolfgang Preisendanz oder Hubert Ohl haben im Rückgriff auf Hegel der Gattungs- und Epochengeschichte eine geschichtsphilosophische Perspektive zu gewinnen unternommen, die gerade im individuell und historisch Besonderen der Werke ihre geschichtliche Notwendigkeit und Folgerichtigkeit aufsucht. Dabei hat Szondi, der dem Fach viel zu früh verlorengegangen ist, mehr und mehr einen sozialgeschichtlichen und literatursoziologischen Zug seiner Forschungen ausgeprägt, der kritisch an die wenn auch schmale, so doch bedeutende literatursoziologische Tradition der Literaturwissenschaft, bei Autoren wie Lukács, Schücking, Brüggemann, Hirsch, Martin Sommerfeld oder Arnold Hauser anknüpft. Auch Max Weber ist ihm wieder ins Blickfeld getreten,

---

[23] R. B.: Kritik und Wahrheit (edition suhrkamp 218), S. 11.

der gleichfalls im Hintergrund der von August Langen, Herbert Schöffler, Albrecht Schöne, Arthur Henkel u. a. ausgebildeten neuen Säkularisationsforschung steht. Sie versucht Anregungen und Andeutungen der traditionellen Geistesgeschichte zu konkretisieren und im interdisziplinären Bezug auf die Theologie zu verifizieren. Auffällig ist eine Tendenz zur Konzentration auf übergreifende Einheiten wie den Epochenbegriff, in den Jost Hermands synthetisches Interpretieren mündet, aber auch auf durchlaufende und weithin gemeineuropäische Traditionen, womöglich Konstanten der Literatur, wie sie von Ernst Robert Curtius energisch herausgehoben worden sind. Die in der Nachkriegszeit breit einsetzende Rhetorik-, Topos- und Emblemforschung, die vom Mittelalter zur Neuzeit vor-, vom Barock ins Mittelalter zurückgreifenden Fragestellungen Friedrich Ohlys und jüngerer Forscher sind hier zu nennen, die der Spätmittelalter-, Renaissance- und Barockforschung neuen Auftrieb gegeben haben. Curtius' These von der Prägekraft der lateinischen Tradition war von großer Bedeutung für die Komparatistik, und generell wird heute die vertikale und lineare Betrachtungsweise der Nationalliteraturen, die sich in Deutschland aus der romantischen Volksgeistauffassung speiste, mehr und mehr ergänzt durch eine horizontale, der die Literaturen als ein großes Geflecht erscheinen. Zu lange übergangene Forschungsgegenstände wie die Literatur des deutschen Exils oder die Literatur der DDR haben zunehmend Aufmerksamkeit gefunden. Auch das ‚Junge Deutschland' erregt verstärktes Interesse. Weiter sind scheinbar gut erforschte Abschnitte der Literaturgeschichte durch Erschließung bisher vernachlässigter Strömungen wieder zu Neuland geworden. Man erinnere sich an die Ent-

deckung der sogenannten deutschen Jakobiner und die
Kontroverse um Hölderlins Jakobinismus, die freilich
etwas modisch aufgebauscht wurden. In all diesen Bewegungen
sind schließlich die Bewahrer der Kontinuität nicht
zu vergessen, bei denen möglicherweise die
bleibenden Leistungen am ehesten liegen. Ich denke
etwa an Paul Requadts grundlegendes Werk *Goethes
‚Faust I.‘ Leitmotivik und Architektur*,[24] das sich Wilhelm
Emrichs *Symbolik von ‚Faust II‘*[25] an die Seite
stellen läßt, oder an Friedrich Sengles in der gegenwärtigen
Literaturwissenschaft unvergleichliches Monumentalwerk
zum Biedermeier. Aber auch die Neuhinwendung
gerade jüngerer Germanisten zum entsagungsvollen
Handwerk der kritischen Edition soll nicht vergessen
werden, das mit und seit Beißners Hölderlin-Ausgabe
zu einer bis dahin unbekannten Perfektion,
ja zuweilen möchte man meinen – z. B. im Blick auf
die Düsseldorfer Heine-Ausgabe – Überperfektion geführt
worden ist.

Sie werden mich nun fragen, welche Aufgaben und
Chancen *ich* in der gegenwärtigen Situation der Germanistik
sehe, und damit wird der subjektive Zug, der
einem tour d'horizon wie dem vorliegenden notgedrungen
innewohnt, in aller Schärfe hervortreten. Ich
bin, wie jeder Wissenschaftler, Partei und möchte meine
Position als die einer zur Dialektik transzendierenden
Hermeneutik beschreiben. Eine Hauptaufgabe und
unsere einzige Chance, die Zerklüftung der Wissenschaft
zu überwinden, sehe ich allerdings in etwas sehr
Simplem, das durchaus nicht standortgebunden ist: in
der Erkenntnis nämlich der Relativität des eigenen

---

[24] München 1972.
[25] 2. Aufl. Bonn 1957.

Standortes, die zur Gesprächsbereitschaft führt. Ich meine das nicht im Sinne eines hemmungslosen Relativismus, sondern im strengen Sinne einer höheren Wissenschaftlichkeit, die in den Gegenständen die Bedingungen ihrer Konstitution durch die methodische Fragestellung, in den methodischen Fragestellungen die Bedingung der Formulierung im Standort des Fragenden mitreflektiert. Wissenschaft ist nur als ein Kontinuum der wechselseitigen kritischen Offenheit aller Positionen für alle, der wechselseitigen Infragestellung aller Positionen durch alle möglich.[26] Aber mit Dog-

---

[26] Diese Ansicht steht in prinzipiellem Gegensatz zu der neuerdings auch in der Germanistik der Bundesrepublik laut werdenden Forderung nach Parteilichkeit der Wissenschaft (vgl. Marie Luise Gansberg: Zu einigen populären Vorurteilen gegen materialistische Literaturwissenschaft. In: M. L. G., Paul Gerhard Völker: Methodenkritik der Germanistik. [Texte Metzler 16]. Stuttgart 1970). Wissenschaftliches Verhalten kann nicht darin liegen, daß man Standpunkt bezieht und von diesem Standpunkt aus Daten sammelt, sortiert und auswertet, sondern nur darin, daß man den eigenen Standpunkt der Infragestellung und Korrektur durch die Gegenstände exponiert. Der zweite prinzipielle Gegensatz zu der neuerlich geforderten Parteilichkeit liegt darin, daß die wissenschaftliche Haltung sich relativ und von individuellen sowie historischen Voraussetzungen und Vorentscheidungen abhängig weiß, die es ins Bewußtsein zu heben gilt; sie hat nichts gemein mit einer Parteinahme, die sich als Parteilichkeit für eine ein für allemal festgemachte objektive Wahrheit versteht. Wissenschaftliche Haltung ist, sich in Frage zu stellen, nicht sich als Parteigenossen der endgültigen und absoluten Wahrheit zu wissen, von der aus dann natürlich auch subtil zwischen der ‚affirmativen Parteilichkeit‘ der anderen und der eigenen ‚emanzipativen Parteilichkeit‘ unterschieden werden kann (a.a.O., S. 33). Sieht Gansberg nicht, daß auch die Feststellung des emanzipativen oder affirmativen Charakters einer Parteinahme eine Fra-

matikern, wie die meisten Marxisten es sind, die sich im Alleinbesitz der Wahrheit wissen, kann man nicht reden; ebensowenig mit radikalen Ideologiekritikern, die den eigenen Ansatz der Befragung entziehen, dabei aber sich ständig im Rücken der Fragestellungen ihrer Kontrahenten aufhalten. Es hat etwas Entwaffnendes, wenn auf meine These keine Gegenthese antwortet, sondern eine Analyse der wirklichen oder vermeintlichen Motive, die mich zu meiner These gebracht haben. Die Frage nach der ideologischen Funktion von Ideen in Ehren – aber es muß gelingen, die Ideen selbst wieder in den Blick zu bekommen.

Überhaupt möchte ich die Aufgabe der Literaturwissenschaft weniger in einer entlarvenden als einer rettenden Kritik sehen, wie sie uns der junge Lessing vorgemacht und wie sie Walter Benjamin als ‚Tigersprung ins Vergangene' beschrieben hat. Es ist auf die Dauer ein armseliges Geschäft, sich im Aufdecken der Fehlhaltungen anderer die Richtigkeit der eigenen Position zu bestätigen; es gilt stattdessen, sich durch das Kunstwerk hohen Ranges in Frage stellen zu lassen: uns selbst in unserem menschlichen und wissenschaftlichen Potential wie die Literaturwissenschaft über-

---

ge der Parteinahme ist? Wenn sie das aber nicht wäre, sondern eine Frage objektiver Erkenntnis, was soll dann das Gerede von Parteinahme? Warum einigt man sich dann nicht darauf, daß der Marxist wissenschaftlich die Wahrheit hat, der Nicht-Marxist aber sie sucht – ein Gegensatz, der etwa dem zwischen Lessing und dem Hauptpastor Goeze entspricht? Und sogar das marxistische Argument gegen diese ‚bürgerliche' Position der Wahrheitssuche findet sich schon bei Lessings orthodoxen Gegnern: daß er die Wahrheit zu suchen vorgebe, weil er sie nicht finden wolle; daß man die Wahrheit nicht zu suchen brauche, wenn man sie doch haben könne.

haupt, die nach meiner Vorstellung im Kern Kunstwissenschaft ist und zu bleiben hat. Kunstwerke von Dignität enthalten eine emanzipatorische Sprengkraft, sind Arsenale menschlicher Erfahrung, Zeugen der Individualität, die nicht kapituliert, wie Adorno gesagt hat. Als solche brauchen wir sie, wenn menschlich gelebt werden soll. Sie werden durch die Wissenschaft, wenn sie ihre höchste Aufgabe erfüllt, freigesetzt für das moderne Bewußtsein, als Anspruch und Versprechen auf Zukunft erfahrbar gemacht, sie setzen aber auch das moderne Bewußtsein frei zur Selbstbestimmung am Gegenbild der Geschichte. In diesem Sinne möchte ich mit Walter Benjamin Geschichte – und auch Literaturgeschichte – als Konstruktion eines Handlungsentwurfs verstehen, dessen Wahrheit nicht einfach vorhanden, sondern herzustellen ist: eine Position, die in Schillers Geschichtsphilosophie oder in der Ringparabel Nathans des Weisen vorgebildet wird.

Diese Konstruktion wissenschaftlicher Wahrheitserkenntnis muß sich nach meiner Überzeugung in einer Kooperation und wechselseitigen Korrektur der methodischen Ansätze vollziehen, die mehr ist als eine unverbindliche methodenpluralistische Summierung. Der hermeneutische Ansatz scheint mir dabei unverzichtbar, sofern Literaturwissenschaft Werke und Werkzusammenhänge als Phänomene unter der Kategorie der Ganzheit und Geschlossenheit in sich wahrnimmt. Der analytische Ansatz ist fähig und notwendig zur Feststellung und Herauspräparierung von inhaltlichen und formalen Elementen, die, wenn auch in ihren jeweiligen Zusammenhang individuell integriert, doch in sich relativ stabil und übertragbar sind – ich denke etwa an Grammatik, Metrik, Topik, Emblematik usw. Der dialektische Ansatz schließlich ermöglicht es, das einzelne Werk und den einzelnen Werkkomplex in Richtung auf einen prozessualen Zusammenhang zu überschreiten, der Geschichtsziele meint, es als eine Größe zu verstehen, die nicht nur geronnene Geschichte, sondern auch Anweisung auf von mir mitzuverantwortende Zukunft ist. In dieser Weise *verhalten* wir uns zu Werken, wir *verständigen* uns nicht nur in ihnen.

Den Streit zwischen Interpretation, Literaturgeschichte, Literatursoziologie und Literaturpsychologie halte ich für müßig, besonders müßig die Versuche, die in den vergangenen Jahren hochentwickelte Interpretation in den Schmollwinkel des Faches abzudrängen. Alle Perspektiven auf den Gegenstand sind aufeinander angewiesen, weil dieser Gegenstand in höchstem Maße beziehungsreich und vielschichtig ist. Vielleicht werden wir uns an die Berechtigung, ja Notwendigkeit gegensätzlicher Methoden gewöhnen müssen, weil gewisse Aspekte der Werke nur unter Absehung von anderen erfaßt werden können, so wie die Physiker gelernt haben, daß ein Elektron als Welle oder als Korpuskel in Erscheinung tritt, je nachdem welche Meßvorgänge man durchführt. Der Negation von Geschichte, wie sie vor allem in extremen Konsequenzen des Strukturalismus liegt, ist entgegenzuhalten, daß der moderne Mensch selbst da, wo er Geschichte bestreitet, Produkt einer Kultur ist, die ein geschichtliches Selbstverständnis entwickelt hat, und daß auch die Bestreitung der Geschichte auf ihren geschichtlichen Ort hin befragt werden kann und muß. Die Literaturwissenschaft ist geschichtliche Disziplin in Gegenstand und Verfahren, denn die Literatur entspringt der Geschichte, reflektiert, deutet und entwirft sie, wirkt in sie zurück. Sie steht zudem in einem innerliterarischen literaturgeschichtlichen Zusammenhang.

Sofern Soziologie einen Querschnitt durch die Gesellschaft legt, die von der Geschichte im Längsschnitt betrachtet wird, hat alle Geschichte eine soziologische, alle Soziologie eine geschichtliche Komponente. Die Literatursoziologie muß also nicht von außen in das Fach hineingebracht werden, sie hat vielmehr ihren Ort in ihm, der nur angemessen ausgebaut werden muß. Dazu gehört selbstverständlich eine Soziologie der innerliterarischen Bezüge und Erscheinungen, neben der soziologischen Analyse der Verhältnisse, in denen Literatur sich vorfindet; sie ist in den letzten Jahren von Literatursoziologen wie Norbert Fügen gefördert worden. Der Literatursoziologie wie der Literaturgeschichte muß es jedenfalls darum gehen, das literarische Werk in übergreifenden institutionellen, faktischen und pragmatischen Zusammenhängen, als Moment eines Entstehungs- und Wirkungszusammenhanges zu fassen.

Die Interpretation hat demgegenüber ihre besondere Bedeutung darin, daß nur sie das Werk so wahrnimmt, wie der Leser es primär aufnimmt. Literaturgeschichte und Literatursoziologie sind Hilfswissenschaften der Interpretation darin, daß sie ihr das Vergleichsmaterial bereitstellen, mit dessen Hilfe allein das je Einzige des Werkes herausgearbeitet werden kann. Umgekehrt ist die Interpretation Hilfswissenschaft der Literatursoziologie und der Literaturgeschichte darin, daß sie das individuelle Moment und den Werkcharakter der Werke sicherstellt gegen alle Tendenzen, sie in den übergreifenden Zusammenhängen aufgehen und untergehen zu lassen. Die Literaturpsychologie hätte in diesem Rahmen die Aufgabe und Möglichkeit, die besondere Art der Verarbeitung und der Darbietung psychischer Sachverhalte in literarischen Werken, die besondere psychische Wirkungsmöglichkeit literarischer Werke, beispielsweise in der Katharsis, herauszuarbeiten, Phänomene, die natürlich ebensosehr ihren geschichtlichen wie ihren systematischen poetologischen Aspekt haben. Die Literatursystematik schließlich hätte die Konstituentien der Literatur herauszuarbeiten – in ihrer Besonderheit unter allen Systemen der Mitteilung und des Ausdrucks, im Bezug zur allgemeinen Kultur, im Zusammenhang der Künste, in der Auffächerung der einzelnen literarischen Gattungen und Bauformen. Ziel wäre eine Art Ontologie der Literatur, die freilich wiederum historisch zu sein hätte – das höchste Allgemeine des Menschen erscheint nur im geschichtlich Besonderen – und die in Spannung bliebe zur Interpretation mit ihrer Prätention aufs Individuelle.

Lassen Sie mich abschließend bekennen, daß ich mit großem inneren Unbehagen diesen Parforceritt durch ein Gelände angetreten habe, das auch bei Ausschluß der Sprachwissenschaft und der Mediävistik – für beide bin ich nicht kompetent – unendlich weitläufig und unübersichtlich bleibt. Das Unterfangen zwingt zu Abbreviaturen, die kaum noch zu verantworten sind, und zu einer professoralen Apodiktik, die für mich das Gegenteil von Wissenschaft ist. Genaugenommen läßt sich in einem solchen Vortrag nur unwissenschaftlich über Wissenschaft reden. Im übrigen lebe ich in der Selbsterkenntnis, die Krankheit der in sich kreisenden Methodendiskussion hier nicht nur diagnostiziert, sondern auch, als selbst an ihr Leidender, demonstriert zu haben – und das ist, glaube ich, echt hermeneutisch.

Lyrik, Marxismus und Psychoanalyse

Gedanken zu Carl Pietzckers Monographie ‚Die Lyrik des jungen Brecht. Vom anarchischen Nihilismus zum Marxismus'. (1974)

Pietzckers Monographie „geht davon aus, daß die Wissenschaften, die die antagonistische Einheit von Individuum und bürgerlicher Gesellschaft zu erfassen versprechen, der Historische Materialismus und die Psychoanalyse sind" (S. 18). Die wissenschaftliche Redlichkeit der Arbeit liegt darin, daß sie hiermit ein Bekenntnis ablegt; ihre Befremdlichkeit darin, daß sie, die ihre Gegenstände und konkurrierende Meinungen ideologiekritisch in Frage stellt, ihrem eigenen Ausgangspunkt gegenüber darauf zu verzichten vermag. Kennmarken dafür sind zahlreiche Zitate aus Marx, Adorno, Freud, Wilhelm Reich und anderen in der Funktion des Autoritätsbeweises; nicht Marxismus und Psychoanalyse an sich selbst und in ihrer Anwendbarkeit auf Literatur werden zur Diskussion gestellt, sondern – in vertrackter Bescheidenheit, die den Gegner entwaffnet und zugleich die Zunft diffamiert, – der Standard des Verfassers und Gleichstrebender, denen die deutsche Universität „nicht erst seit 1933 und nicht nur bis 1945 keine Gelegenheit" bot (S. 23), die Literaturpsychologie zu erarbeiten, die sie meinen.

Unbestreitbar ist trotzdem, daß sich die Untersuchung im ganzen redlich an Brecht und seiner Lyrik abarbeitet und darin ihre Überzeugungsposition der Erprobung durch die Gegenstände aussetzt. Es fällt auf, daß sie damit vor den gleichen Problemen wie die herkömmliche Hermeneutik steht und sie in einer vergleichbaren Weise löst: Jedes hermeneutische Verfahren vollzieht sich in und aus einem vorgegebenen Ganzen, das als solches nicht zu einem überblickten Gegenüber werden kann. Hingegen beanspruchen Marxismus und Kritische Theorie für sich eine kausale Gesamterklärung der „gesellschaftlichen Totalität" (S. 12), in der sie doch ihren Ort haben. Wo die Hermeneutik von vornherein unter einem geringeren Erwartungsdruck steht, reduziert Pietzcker den höheren Anspruch des Marxismus auf ein Maß, das etwa dem der Hermeneutik entspricht, abgesehen davon, daß er auf die hermeneutische Selbstrelativierung der Frageperspektive verzichtet. Verwandtschaft mit der Hermeneutik besteht speziell im Rückgriff auf theoretische Modelle zu Beschreibungszwecken, der sich nicht aus deren wie immer festgestellter Richtigkeit, sondern aus ihrer inneren Nähe zum Phänomen rechtfertigt; in dieser Weise wird etwa Jürgen Habermas' Interaktionsmodell beigezogen (S. 315). Der Hermeneutik nahe ist auch Pietzckers Beschränkung darauf, er wolle „nur aufklären, *was* geschehen ist, nicht *warum* oder *warum nicht*" (S. 128). Pietzcker bezieht sich für diese Haltung auf die Psychoanalyse und bezeichnet darin exakt den Punkt, der methodisch die Hauptschwierigkeit ihrer Vereinigung mit dem Marxismus ausmacht, den Punkt nämlich, an dem die Psychoanalyse eine hermeneutische Wissenschaft ist. Pietzcker kommt mit der Übertragung dieser Position auf seine gesamte Fragestellung zu einem verkürzten Marxismus, der von dessen originären Ansprüchen her elektrisch genannt werden muß. Er verfolgt eine Strategie der inneren Linie, von der zwar weite Ausfälle ins theoretische

Feld möglich sind, die aber notfalls immer den Rückzug auf die Sache und nur die Sache offenhält.

Das ist so verständlich wie fragwürdig, weil in Pietzckers Überzeugungsbasis Elemente zusammentreten, die von Hause denkbar weit auseinander liegen, zum Teil sich gegenseitig ausschließen. Freud selbst hat die Grenze zwischen Psychoanalyse und Kunstwissenschaft im Zugeständnis gezogen, daß „[...] das Wesen der künstlerischen Leistung uns psychoanalytisch unzugänglich ist"[1]. Marxismus und Psychoanalyse sind einander in ihrer Herkunft so fremd, daß Georg Lukács „Freud samt Spengler und Nietzsche dem Faschismus zurechnete"[2]. Wilhelm Reich, der bei Pietzcker Schulter an Schulter mit Freud und Marx einherkommt, stand für Freud unterm Anathema und wurde aus der DKP ausgeschlossen[3]. Theodor W. Adorno, Jürgen Habermas, Herbert Marcuse, auf die sich Pietzcker immer wieder bezieht, sind für den orthodoxen Marxismus und wohl auch für Pietzcker selbst bürgerliche „Abweichler". Pietzcker bleibt in diesem Punkt – durch Zitate schwach abgestützt – ungemein lakonisch, ohne der Auseinandersetzung zwi-

---

[1] „Eine Kindheitserinnerung des Leonardo da Vinci". In: Gesammelte Werke. Hrsg. A. Freud u. a., 18 Bde., Frankfurt a. M. 1961–1968, Bd. 8, S. 209.
[2] Siehe Theodor W. Adorno: Zum Verhältnis von Soziologie und Psychologie. In: Soziologica. Aufsätze. M. Horkheimer zum 60. Geburtstag gewidmet (Frankfurter Beiträge zur Soziologie. 1). Frankfurt a. M. 1955, S. 11–45, hier: S. 11.
[3] Erst in jüngster Zeit haben wieder linke Angriffe auf die Psychoanalyse im Kursbuch 29 stattgefunden; siehe dazu: H. Dahmer, K. Horn, Th. Leithäuser, A. Lorenzer, U. Sonnemann: Das Elend der Psychoanalysekritik. Beispiel Kursbuch 29. Frankfurt a. M. 1973.

schen Marxismus, Kritischer Theorie und Psychoanalyse, etwa in den theoretischen Entwürfen von Adorno, Marcuse oder Habermas, nachzugehen, geschweige denn eine eigene theoretische Position zu entwickkeln[4]. Er begnügt sich mit der Anführung von Literatur zum Diskussionsstand (S. 26). Zwar wird Adornos Aufsatz „Zum Verhältnis von Soziologie und Psychologie" zur Unterstützung des Versuches beigezogen, Sozialkritik und Psychoanalyse zu kombinieren (S. 16, 19 u. ö.), aber Adornos Einwände gegen den psychoanalytischen Umgang mit Literatur werden abgebogen; denn die Stoßspitze Adornos geht weniger darauf, daß die Psychoanalyse bisher die gesellschaftliche Dimension ausgeklammert hätte, als auf etwas, was in Pietzckers Adorno-Referat am Rande bleibt: daß sie keinen Begriff von Kunst als Form hat.

Wenn Pietzcker später in einem ausführlichen, im Aufbau der Arbeit etwas willkürlich untergebrachten Exkurs auf Adornos Abweichungen vom Marxismus und die ihnen eingeschlossene Brecht-Polemik kommt, dann wiederum nur ad hoc und in einer höchst subtilen wechselseitigen Relativierung Brechts und Ador-

---

[4] Zu welch kraß unvermitteltem Nebeneinander des Unvereinbaren das in praxi führen kann, zeigt sich etwa darin, daß Pietzcker das „Nichtzusammentreffen der sinnlichen und der zärtlichen Strömung" des Liebeslebens als Ansatz von Freud übernimmt (S. 275) und mit einem Freud-Zitat illustriert, dem alsbald in bloßer Reihung – mit der klassischen Formulierung „Wilhelm Reich fügt hinzu" (S. 276) – ein Reich-Zitat angehängt wird. Stillschweigend wird die Freudsche Annahme einer in dieser Spaltung vorliegenden fixen anthropologischen Struktur gegen eine historisch-soziologische Erklärung aus der „Sexualunterdrückung in der patriarchalischen Gesellschaft" ausgewechselt (S. 277).

nos, die eine systematische theoretische Entfaltung der eigenen Position ausspart und Brecht und Adorno auf „Überzeugungen" reduziert[5]. Schließlich werden Adornos Argumente gegen Brecht auch dadurch entschärft, daß Pietzcker zwar Adornos Defaitismus gegenüber Praxis und direktem Engagement, nicht aber den Einwand erörtert, Brechts Simplifizierungen um der praktischen Wirksamkeit willen seien nicht zuletzt das, was ihn kulinarisch verwertbar mache. (Pietzcker sieht demgegenüber im Sinne Brechts die Tendenz zum Kulinarischen im Angebot zur folgenlosen Identifikation [S. 125].) Generell werden die zahlreichen Richtungsdifferenzen innerhalb des historischen Materialismus und seiner Ästhetik nicht zur Kenntnis genommen (etwa zwischen Lukács und Brecht), ebensowenig wie Übergänge zwischen Marxismus, Existentialismus und Strukturalismus einerseits, Strukturalismus und Psychoanalyse andererseits. Dabei hätte sich gerade hier eine Weiterentwicklung der Freudschen Psychoanalyse finden lassen – etwa in Jacques Lacans Versuch, das Unbewußte als Sprache zu fassen –, von der aus die Vermittlung zwischen Psychoanalyse und Literatur vielleicht leichter herzustellen gewesen wäre als durch Pietzckers Akzentuierung des energetischen Moments. Daß vorwiegend neomarxistische Umbildungen des Marxismus zum Rückgriff auf die Psycho-

---

[5] Siehe Formulierungen wie „Die Überzeugung, daß die schlechte Gesellschaft nicht verändert werden kann [...]"; „Brechts [...] Überzeugung von ihrer Veränderbarkeit. Wesentlich ist, daß es für ihn ein kollektives Subjekt gibt [...]"; „für Adorno gibt es dagegen [...] kein kollektives Subjekt"; „mögen Gedichte wie das ‚Gegenlied' sich auch lesen lassen, als höben sie die Position von Adornos resignativ-emphatischer Ästhetik auf [...]" (S. 62–65).

analyse tendieren, weil für sie das Subjekt der Revolution erst aus den psychischen Deformationen des Menschen im Kapitalismus herzustellen ist, kommt bei alledem nicht in Pietzckers Blick. Typisch für diese blinden Flecke der Arbeit ist seine Vorsorgepolemik, es sei „[...] in einer literaturwissenschaftlichen Arbeit nicht gut möglich [...], auch noch die Psychoanalyse in ihrer Geschichte kritisch darzustellen [...]" (S. 19), und eine literaturwissenschaftliche Arbeit könne nur „[...] in sehr beschränktem Maße zu einer Gesellschaftsanalyse kommen [...]". Gerade um eine Geschichte der Psychoanalyse oder um eigene sozialwissenschaftliche Forschungen kann es hier nicht gehen, wohl aber darum, den theoretischen Ort der Psychoanalyse im Verhältnis zum Marxismus und des literarischen Werkes im Verhältnis zur Gesellschaft über eine Allgemeindeklaration hinaus zu bestimmen und zu begründen.

Von diesen generellen Abblendungen abgesehen, ist Pietzckers Arbeit am Gegenstand außerordentlich problemfreudig und reich an Gesichtspunkten. Das zeigt sich in dem umfangreichen darstellenden Teil, der zunächst am Beispiel des Gedichts *Von der Freundlichkeit der Welt* in seiner Textentwicklung bis zum *Gegenlied* Ausgang und Ende der Entwicklung skizziert, die von der Lyrik des jungen Brecht durchlaufen wird. Sie führt laut Titel „Vom anarchischen Nihilismus zum Marxismus"; von einer nach innen gerichteten masochistischen Aggressivität „[...] über den Sadismus zur bewußten und beherrschten Aggressivität" gegenüber der bürgerlichen Gesellschaft (S. 298). Diese Entwicklung wird anschließend im Brennpunkt einzelner Gedichte gefaßt, und zwar in weiten literaturtypologischen und literaturgeschichtlichen Perspektiven, in denen auch trivialliterarische Strömungen zur Geltung kommen. Besonders nachdrücklich, vielleicht sogar überinterpretierend, arbeitet Pietzcker Brechts Rückgriffe auf die christliche Tradition heraus. Die scheinbar sehr einfache Sprache wird als raffiniert vieldeutig erwiesen, wobei Pietzcker, abweichend von der rezeptionsästhetischen Konstruktion eines Ideallesers, glücklich mit der Hypothese eines vom Gedicht intendierten Lesers, einer von ihm „angebotene[n] Leserrolle" operiert (S. 83). Bei allen pädagogischen Vorteilen eines exemplarischen Verfahrens liegen allerdings erhebliche Gefahren darin, daß Pietzcker eine weite Strecke von Brechts Entwicklung lediglich an Hand von zwei Gedichten darstellt, hinter deren Exegese Brecht als biographisch faßbarer Autor in der literarischen Umwelt Münchens oder Berlins fast verschwindet.

Demgegenüber wiegen einzelne Einwände zur Interpretation geringer. Beim Gedicht *Von der Freundlichkeit der Welt* ist wohl die Unfreundlichkeit der Welt im ersten Durchgang der Interpretation zu stark betont[6]. Der Bestimmung des Frühgedichts als einer „on-

[6] Die in den Schlußzeilen der Strophen eins bis drei genannten freundlichen Zuwendungen sind starke symbolische Gebärden der Liebe, denen in der vierten Strophe die Aussage von der Gegenliebe antwortet. Daß man den Toten nur zwei (statt drei) Hände Erde gibt, scheint mir nicht auf die Dürftigkeit der Gaben der Welt zu weisen (S. 34); vielmehr ist das eine versteckte Summe des Gedichts: zwei Hände Erde – das ist viel und wenig Freundlichkeit – soviel von der Erde, wie der Mensch halten und fassen kann. Daß Schorf und Grind eine dicke Haut ausmachen (S. 34), ist abwegig; sie sind Zeichen der Verletzung, und schließlich unterscheidet das Gedicht nicht zwischen solchen Leuten, „die im Gefährt geholt werden und zu Ruhm gelangen" (S. 35), und solchen, de-

tologisierenden Situationsherstellung" (S. 31) wird man zustimmen können, soweit man sich mit dem im Marxismus üblichen pejorativen Gebrauch des Terminus Ontologie anzufreunden vermag. Pietzcker meint damit die Reduzierung historisch-gesellschaftlicher Gegebenheiten auf vermeintliche Naturgegebenheiten der menschlichen Existenz. Unklar bleibt allerdings, wie Pietzcker sich ein adäquates Bild der „hochzivilisierten" und vielfach vermittelten Gesellschaft (S. 36) in Lyrik vorstellt[7]. Lyrik entfaltet ja kaum ein extensives und explizites gesellschaftlich-historisches Weltbild; die historisch-gesellschaftliche Situation ist viel mehr in der spezifischen Erfahrungsweise präsent als in der Gegenständlichkeit, in der sie sich artikuliert oder an der sie sich gewinnt. Pietzcker selbst deutet in diese Richtung, wenn er, für mein Gefühl allerdings in einer über die eigenen Füße stolpernden, schlechten Dialektik, die „schlechte Abstraktion" des Liedes *Von der Freundlichkeit der Welt* (S. 37) einmal als „soziale[s] Zeichen" einer gesellschaftlichen Wirklichkeit, die

---

nen das nicht geschieht – keiner wird im Gefährt geholt. Die Überakzentuierung der Unfreundlichkeit der Welt erschwert übrigens die dialektische Wendung der Interpretation auf Seite 41, die ohnehin mit dem bloßen Hinweis auf das „der Lyrik des jungen Brecht eigene Einverständnis mit der Faktizität" unvermittelt und abrupt abbricht.

[7] Zumal Sozialreportage wohl auch von Pietzcker nicht gemeint sein kann, da er als Gegenbeispiel für die ontologisierende Verwendung der Metapher „Kälte" die Bedeutung der Kälte in dem 1941 entstandenen „Kinderkreuzzug" anführt (S. 35). Man könnte weiter an das doch der marxistischen Zeit angehörige „Moldaulied" in „Schweyk im Zweiten Weltkrieg" mit seiner Naturmetaphorik der am Grunde der Moldau wandernden Steine erinnern (S. 74 f.).

„sich von früher her durchgehalten hat" (S. 36), zum andern aber auch als Durchschlagen der „historisch gegebene[n], tatsächliche[n] gesellschaftliche[n] Abstraktion" deutet. Auch sonst hat Pietzcker seine Schwierigkeiten mit der Abstraktion bei Brecht; denn in bezug auf das *Gegenlied* zum Lied *Von der Freundlichkeit der Welt* akzeptiert er zwar Adornos gegen Brecht erhobenen Vorwurf der Archaisierung und Simplifizierung (S. 65), sieht nun aber in dieser „Abstraktion, zu deren Momenten auch das eben kritisierte Simplifizieren und Archaisieren zählt", gerade die Voraussetzung dafür, daß das Gedicht nicht „[...] Gefahr läuft, die Subjekt-Objekt-Dialektik im Konkret-Gesellschaftlichen zum Stillstand zu bringen [...]" (S. 65). Kommt Pietzcker damit aber nicht zum Begriff einer schlechten, von ihm selbst kritisierten Abstraktion, die zugleich eine gute ist? Jedenfalls wird hier mit Adorno in einer kaum legitimierten Weise gegen Adorno argumentiert, da Adorno ja in Brechts Archaisieren nicht eine Energie der Veränderung, sondern einen Umschlagspunkt von Engagement in Unverbindlichkeit sieht[8].

Gerade von Adornos Brecht-Kritik her stellt sich überhaupt die Frage, ob für das *Gegenlied* nicht gilt, was Adorno generell moniert: „[...] der ästhetische Reduktionsprozeß, den er der politischen Wahrheit zuliebe anstellt, fährt dieser in die Parade. Sie bedarf ungezählter Vermittlungen, die er verschmäht."[9] Denn es bleibt offen, ob Dialektik allein für die Aufhebung der Ontologisierungstendenz, „[...] die Entwicklung

---

[8] Theodor W. Adorno: Noten zur Literatur III (Bibliothek Suhrkamp. 146). Frankfurt a. M. 1965, S. 121.
[9] S. 117.

vom ontologisierenden und kreisenden Gedicht [...]
zum materialistisch-dialektischen" (S. 68) einzustehen
vermag. Auch Dialektik kann ja im Sinne Pietzckers
„ontologisch" sein; in Brechts *Gegenlied* zu *Von der
Freundlichkeit der Welt* eine m a r x i s t i s c h e Dialektik einläßlich herauszuarbeiten, gelingt Pietzcker
kaum. Evident ist lediglich der Gang von der Kreisform zur Prozeßform der Gedichte. Die Arbeit ist hier
auffällig postulativ.

Schon das erste Kapitel der Monographie zeigt Pietzcker im ideologiekritischen Umgang mit dem Text. Es
geht darum, progressive Ansätze im Ausdruck doch primär falschen Bewußtseins aufzuzeigen, und zwar bis in
die Form hinein. Das Vieldeutige der Sprechhaltung,
für eine immanente Interpretation ein ästhetischer Reiz
dieser Gedichte, kann Pietzcker allenfalls insofern positiv gelten lassen, als diese Vieldeutigkeit eben auch
kritische Ansätze enthält (S. 46). Damit erhebt sich die
von Pietzcker nicht aufgegriffene Frage, ob und worin eigentlich ein literarischer Wert und darin eine Aktualität dieser Gedichte auch für ein über sie fortgeschrittenes Bewußtsein besteht – oder bleiben sie lediglich als Dokument der Entwicklung zurück? Das gleiche Problem stellt sich von anderer Seite her. Die von
Pietzcker den zuweilen etwas ausufernden Interpretationen eingesprengten biographischen und soziologischen Exkurse zu Brecht (etwa S. 128 ff. über den
Mittelstand) ordnen ihn zwar einem marxistischen
Gesamtbild der Epoche zu, sind aber insofern unvermittelt, bloße Appendices zur literarischen Fragestellung, als diesen Exkursen keinerlei Erklärungswert
für Brechts literarische Produktivität und deren Qualität innewohnt: für das also, was sein Werk als Œuvre
übers bloß Zeitsymptomatische hinaushebt. Daß Pietz-

cker die Ausgangslage Brechts stärker soziologisch und psychologisch durchleuchtet als den Zusammenhang von gesellschaftlicher, politischer und individueller Entwicklung Brechts zum Marxismus, dürfte kein zufällig verbleibendes Desiderat, sondern in der Sache selbst begründet sein. Das Problematische kausaler Ableitungsversuche tritt um so deutlicher hervor, je mehr individuelle Entscheidungs- und Entwicklungsprozesse gefaßt werden müssen, in denen sich das Individuum von seinem Klassenhintergrund entfernt. Man spürt Pietzckers Schwierigkeiten, wenn er einmal Brechts Entwicklung „[...] durch die gesellschaftliche Situation bedingt [...]" sein läßt, im Folgesatz aber abschwächt: „Die beschriebene Entwicklung wird durch gesellschaftliche Faktoren gehemmt, beschleunigt oder auch erst ermöglicht." (S. 300) Der Abgrund zwischen Bedingung und Ermöglichung wird erkennbar beim Blick auf die von Marx zustimmend zitierte Ansicht eines Rezensenten: „Marx betrachtet die gesellschaftliche Bewegung als einen naturgeschichtlichen Prozeß, den Gesetze lenken, die nicht nur von dem Willen, dem Bewußtsein und der Absicht der Menschen unabhängig sind, sondern vielmehr umgekehrt deren Wollen, Bewußtsein und Absichten bestimmen [...]"[10]. Pietzcker überspielt die hier liegende Frage ebenso wie das im Marxismus außerordentlich prekäre Überbau-Basis-Problem und das nicht weniger schwierige Widerspiegelungsproblem.

Erst vom zweiten Kapitel an, in dessen Mitte die

---

[10] „Nachwort zur Zweiten Auflage" von: Das Kapital, Bd. 1, Buch 1. In: Karl Marx/Friedrich Engels: Werke. Hrsg. vom Institut für Marxismus-Leninismus beim ZK der SED. 39 Bde. Berlin (Ost) 1961–1968. Bd. 23, S. 26.

Ballade *Apfelböck oder die Lilie auf dem Felde* steht, treibt Pietzcker die Fragestellung weiter in eine psychoanalytische Untersuchung der „Tiefenstruktur" des Gedichtes und generell des Brechtschen „anarchischen Nihilismus" dieser Jahre[11]. Dabei bezieht Pietzcker zwei grundlegende Positionen zur psychoanalytischen Literaturwissenschaft. Er betont erstens gegenüber einer einseitigen Hervorhebung des Unbewußten das prozessuale Ineinander von Bewußtsein und Unbewußtem in der poetischen Hervorbringung (S. 21), und er differenziert zweitens in einer etwas hypertrophen terminologischen Anstrengung zwischen dem „Autor als Individuum", dem Autor im Zustand des Dichtens als „dichtendem Individuum", dem „Ich des Autors" als psychischer Instanz, dem „dichtenden Ich" als dieser Instanz im Zustand des Dichtens, dem „sprechenden Ich" als einer Rolle dieser Instanz und dem „expliziten Ich" als dem sprechenden Ich, wenn es sich als „Ich" artikuliert (S. 115). Das erklärte Interesse Pietzckers gilt in diesem Abschnitt der „[...] Struktur, auf welche das ,dichtende Ich' regrediert, nicht so sehr der gesamten psychischen Struktur des Autors. Die gesuchte Struktur muß alle Gedichte Brechts, die derselben Phase angehören, bestimmen und sich von ihnen aus rekonstruieren lassen." (S. 117) „Eine Voraussetzung, die sich dann im Gang der Deutung zu bestätigen hat, ist, daß sich hier ein psychischer Zustand gleichermaßen in Aussageweise und Aussageinhalt ausdrückt, beide also als Objektivatio-

---

[11] In der Konstatierung dieses anarchischen Nihilismus stützt sich Pietzcker auf P. P. Schwarz: Brechts frühe Lyrik 1914–1922. Nihilismus als Werkzusammenhang der frühen Lyrik Brechts. Bonn 1971.

nen des e i n e n dichtenden Subjekts zu betrachten sind." (S. 114)

Trotz solcher im Prinzip anerkennenswerter literaturspezifischer Ausprägung der psychoanalytischen Methode kann Pietzckers Ansatz auch hier theoretisch nicht voll befriedigen, denn abermals gelingt der Brückenschlag vom außerliterarischen Sachverhalt, in diesem Fall dem psychischen Befund, zur literarischen Produktivität als einer spezifischen Leistung nicht. Es verwundert schon, daß andere mögliche methodische Ansatzpunkte stillschweigend übergangen werden. So findet sich keinerlei Erörterung von Brechts Verhältnis zur Psychoanalyse und von seinen Kenntnissen auf diesem Gebiet. Es findet sich in einer Darstellung, die der sexuellen Komponente der psychischen Entwicklung zentrale Bedeutung zumißt, kaum ein Wort über Brechts Verhältnis zu Frauen. Es fehlt ferner, bis auf geringe Andeutungen, den intendierten Leser betreffend, die Anwendung psychoanalytischer Kategorien auf Wirkung und Rezeption von Brechts Werk. Pietzcker tut nichts, das Untersuchungsfeld Literatur und Psychoanalyse systematisch nach seinen Aspekten – als Psychoanalyse des Autors, Psychoanalyse der literarischen Wirkung, Psychoanalyse literarischer Gehalte – und auf deren Zusammenhang hin zu entfalten. Noch gewichtiger ist es, daß trotz der Auffächerung der Ich-Instanz (der dann wohl auch aufgefächerte ‚Es'- und ‚Über-Ich'-Instanzen entsprechen müßten) eine entscheidende Unklarheit bleibt: Das dichtende Ich im Sinne Pietzckers ist ja präsent nur als momentaner Zustand des Autor-Ichs und als solcher in jeder produktiven Bezeugung je einzigartig; das dichtende Ich als sich durchhaltendes, als „Struktur, auf welche das dichtende Ich regrediert" und die nicht mit der „gesamten psychischen Struktur des Autors" identisch ist, ist eine idealtypische Abstraktion aus der Vielzahl je einzigartiger momenthafter dichtender Ichs der einzelnen Gedichte. Droht schon dadurch dieses sich durchhaltende dichtende Ich ungreifbar zu werden, so wird es vollends zur großen Unbekannten, einem bloß fiktiven Punkt X, wenn man es auf sein Verhältnis zum Autor und zu dem Werk hin betrachtet. Schon die psychoanalytische Durchleuchtung von Autor und Werk hat ihre Schwierigkeiten, wenn sie nicht auf eine tatsächliche Analyse des Autors zurückgeht, denn die Psychoanalyse ist keine Theorie, sie ist wesentlich theoretisch reflektierte therapeutische Praxis, deren Ergebnisse sich am Patienten in seinem Verhalten verifizieren; abgelöst davon verfallen psychoanalytische Deutungen leicht einer gewissen Beliebigkeit. Wieviel mehr muß das der Fall sein, wenn sich die Untersuchung auf ein dichtendes Ich richtet, das in seiner Momenthaftigkeit sowohl hinter dem Autor wie auch hinter dem Werk verschwindet. Sind doch die psychoanalytisch greifbaren Sachverhalte am und im Gedicht keineswegs identisch mit den psychoanalytisch zu deutenden psychischen Zuständen des dichtenden Ichs; sie sind lediglich, vergleichbar dem Traum, aber in viel mehr komplexer Weise, weil hoch objektiviert, dessen Chiffren. Die Aufgabe, das dichtende Ich zu erschließen, wäre also vergleichbar der, allein aus Traumniederschriften ein Ich im Prozeß und in der Zuständlichkeit der Traumarbeit zu fassen, von dem wir sonst nichts wissen – denn es ist ja nicht der Autor!

An diesem Punkt stößt die Kritik auf eine grundlegende Unklarheit in Pietzckers Verständnis des dichterischen Werks, hinter der mir ein Adorno-Mißverständnis zu stecken scheint[12]. Schon im Vorwort spricht Pietzcker, Adorno beiziehend, vom Werk als „Niederschlag eines widerspruchsvollen Prozesses im Ich" (S. 19) oder als dem „Niederschlag" eines „in ihm stillgelegten Bewußtseinsprozesses" (S. 14). Während aber Pietzcker darunter den stillgestellten psychischen Prozeß des dichtenden Ich versteht, meint Adorno den Prozeß, in dem die Momente des Werkes selbst miteinander liegen, den „immanenten Prozeßcharakter des Gebildes", wie Pietzcker an anderer Stelle selbst formuliert (S. 62) – als dialektischen Widerstreit von Mimesis und Ratio, Inhalt und Form, Teil und Ganzem, Allgemeinem und Besonderem usw. Adornos Prozeßbegriff zielt auf das Werk, Pietzckers Prozeßbegriff auf ein Ich hinter dem Werk; zugespitzt – Adorno fragt: ‚Was springt heraus?', Pietzcker fragt: ‚Was steht dahinter?' – eben jenes X, von dem oben die Rede war. Abgesehen davon, daß nicht einmal dessen psychischer Prozeß unmittelbar im Werk präsent ist, unterläuft Pietzcker damit, was er vermeiden möchte und was in der Tat einem Literaturwissenschaftler nicht widerfahren darf: Er verliert den Begriff davon, was den Werkcharakter des Werks, den Kunstcharakter des Kunstgebildes ausmacht; das Werk wird zum bloßen Dokument. Dieses Dokument als Niederschlag gesellschaftlicher und psychischer Prozesse zu analysieren, kann noch nicht die *ganze* Litera-

---

[12] Es kommt bei Pietzcker auch sonst vor, etwa wenn er bei Adorno Vergeistigung, Logik der Kunst als Preis ihrer Abgespaltenheit von Praxis versteht (S. 61), wohingegen Kunst für Adorno selbst Praxis ist und ihre Logik, ihre Vergeistigung dialektisch auch Teilhabe an der Herrschaft des Identitätsprinzips bezeugt, das menschliche Praxis überhaupt prägt.

turbetrachtung sein, wie Pietzcker meint, weil sie dann zwar einen spezifischen Gegenstand, aber nicht das Spezifische ihres Gegenstandes hätte.

Dagegen hilft nichts, daß Pietzcker unter Rückgriff auf Ernst Kris und andere (S. 20. 24. 116 u. ö.) den Zustand der künstlerischen Produktion vom Zustand bloßen Phantasiespiels oder Traums dadurch abhebt, daß er die Beherrschung der regressiven Phantasietätigkeit in der künstlerischen Produktion betont. Denn erstens ist das eine Bestimmung fast nur im Hinblick auf das produktive Subjekt (deutlich S. 127 u. ö.), kaum auf das Werk und dessen Publikum, zweitens ist diese Bestimmung nur negativ. Was *positiv* geschieht, indem das dichtende Ich seinen Phantasien nicht freien Lauf läßt, sondern sich im Gebilde objektiviert, das wird bei Pietzcker nicht deutlich. Ebensowenig ist Pietzckers psychoanalytisches Interesse auch für die Form der Werke, so verdienstvoll und ertragreich es im einzelnen sein mag, eine Haltung, durch die das Werk als Werk in den Blick träte. Denn er faßt damit zwar das psychoanalytisch Relevante an der Form (S. 123), aber nicht das künstlerisch Relevante an den in ihr präsenten psychischen Sachverhalten; allenfalls den Mitteilungscharakter der Form (S. 116), aber nicht den Formcharakter der Mitteilung. Daß dabei die Form-Inhalt-Dialektik zu kurz kommt, zeigt sich immer wieder – etwa wenn Pietzcker ein vom dichtenden Ich phantasiertes Glück als „Voraussetzung der entspannten Sprache des Gedichts" namhaft macht (S. 199), aber nicht bedenkt, daß sich umgekehrt auch das hier phantasierte Glück eben aus dieser Sprache herstellt – zweifellos als Glück des Gedichts, vielleicht sogar als Glück des dichtenden Ich, das, sich in Träumen aufgebend, mittels der Sprache zugleich sich gewinnt. Möglicherweise ist das Vergnügen des wasserscheuen Brecht (S. 249) am Schwimmen nicht nur eines an der Phantasie des Schwimmens, sondern auch am Schwimmen der Phantasie, ja, am Schwimmen in Sprache, bei dem das Medium zugleich trägt und beherrscht wird. Worauf es für den Gegenstandsbegriff einer Literaturpsychologie ankommt, ist also nicht nur, daß auch in der Form sich Psychisches manifestiert, sondern daß sich Psychisches als Form manifestieren kann, wobei eben zu klären wäre, wie Form in Hinsicht auf Psychologie und Psychoanalyse zu bestimmen ist. Wie auch Pietzcker spürt (S. 116), ist dabei sicher, im Unterschied zum Traum, die Richtung von Kunst auf ein Publikum von Bedeutung, dem im Werk nicht nur eine Mitteilung gemacht wird, sondern dem darüber hinaus im Werk repräsentativ etwas „vorgemacht" wird. Man könnte sagen, das produzierende Ich phantasiert stellvertretend und mit Stellvertretungsanspruch.

Dieser Anspruch wird nicht nur darin erfüllt, daß das Werk einen Distanzierungsakt, ein Moment von beherrschtem Phantasieren bezeugt und damit andern ermöglicht; dieser Distanzierungsakt dürfte u. a. in den Erklärungsmustern liegen, die der Gegenständlichkeit und Befindlichkeit der Werke eingeschrieben sind. Der Anspruch wird darüber hinaus auch darin erfüllt, daß die Werke zugleich und gegenläufig in höchster Intensität die Gegenständlichkeit und Befindlichkeit vergegenwärtigen, die sie durch deren Anordnung gemäß Erklärungsmustern quasi gezähmt haben; und das nicht ein für allemal und in einem bloßen Gegenüber von Deutung und Sachverhalt, vielmehr in einer prozessualen Spannung beider, in einer dialektischen Umschlägigkeit von Deutung und Sachverhalt ineinander, die eben Form heißt und ausmacht: eine bedrohte Balance als spezifische Leistung der Werke, die uns deshalb tiefer in Mitleidenschaft ziehen als Krankengeschichten oder Träume anderer und zugleich tiefer frei lassen; sie führen eine Art stellvertretender Katharsis vor (das käme der Goetheschen Deutung der aristotelischen Katharsisformel nahe: Katharsis nicht primär als Wirkung, sondern als Unternehmen der Werke selbst).

An dieser Stelle, an der das Werk als Prozeß gefaßt ist, könnte die Literaturpsychologie in eine dialektische Werkästhetik zurückmünden; an dieser Stelle wäre auch die Auseinandersetzung mit bestehenden Auffassungen von der Eigenart des Ästhetischen im Blick auf die Gesellschaft fällig – sei es nun als affirmative Entschärfung der eigentlich in der Realität durchzusetzenden humanen Werte, sei es als Metasprache nicht operationalisierbarer unverzichtbarer Forderungen, sei es als Experimentierfeld sozialer Verhaltensweisen, sei es als Ort des höchsten Bewußtseins der Menschheit à la Lukács oder à la Adorno gedacht. An dieser Stelle müßte aber auch theoretisiert werden, was Pietzcker in der Interpretation der Brecht-Lyrik, und zwar auch der frühen, vormarxistischen, an Prozessualem aufzuzeigen vermag: etwa den unaufhörlichen Prozeß, in dem Negation und Affirmation ineinander umschlagen, mit anderen Worten: eine Dialektik, die das Werk qua Werk und nicht erst qua marxistisches Werk besitzt.

Die praktischen Konsequenzen von Pietzckers theoretischem Ansatz der Literaturpsychologie zeigen sich in dem, was die Arbeit vom zweiten Kapitel an für die Brecht-Deutung zu leisten und nicht zu leisten vermag. Die Ungreifbarkeit des dichtenden Ich etwa wird besonders deutlich, wenn im Zusammenhang der *Apfelböck*-Interpretation Aussagen darüber fällig werden, was das dichtende Ich wohl unbewußt oder kaum bewußt getan haben mag (S. 120 f.), und wenn die in der Stilanalyse exakt bestimmte Ambivalenz des Textes nun mit psychoanalytischen Erklärungen für das Verhalten des Ich aufgefüllt wird. Da wirken denn Kastrationsangst und Angst, von den Eltern verlassen zu werden, Selbstbestrafungs- und Selbstschutztendenz ineinander, auf die verinnerlichte Strafandrohung antwortet Grauen, in der Phantasie der ‚Über-Ich'-Vernichtung aber wurzeln Freiheitsgefühl und Befriedigung ebenso wie Gleichmut, der jedoch nur zum Teil wirklich erfahren, zum Teil auch Wunschprojektion des gar nicht gleichmütigen Ich ist. Zugleich ist der Gleichmut aber auch Resultat der inneren Leere des dichtenden Ich, verstärkt die Lust an der Freiheit, erregt allerdings auch zusätzlich Grauen, denn dieser Gleichmut wird als Schuld empfunden usw. – das Argumentationsgeschlinge läuft über Seiten hin (S. 122 f.). Im Anwendungszusammenhang einer realen Psychoanalyse mögen alle diese Muster einen hohen Erklärungswert haben; angewandt auf einen Text aber, der nur da ist, aber sich nicht verhält, rotieren sie in sich selbst in einer unaufhörlichen Bewegung, die nirgends festgemacht werden kann.

Zu einleuchtenden Ergebnissen kommt Pietzcker dagegen in dem Maße, in dem sich seine Frage nach dem dichtenden Ich unversehens umformt zur Frage nach den psychischen Energien des Textes im Hinblick auf diesen selbst und erst sekundär auf ein hinter dem Text stehendes dichtendes Ich, und hier scheint mir in der Tat ein noch wenig erprobtes Anwendungsgebiet der Literaturpsychologie zu liegen: in der Frage nicht danach, was psychoanalytisch relevante Sachverhalte für den Dichter leisten oder über ihn aussagen, sondern danach, wie sie zum dichterischen Weltbild dieses Werkes und eines Werkzusammenhanges beitragen[13]. Der Fragestellung nach den psychischen Energien des Textes scheint mir Pietzcker in der Interpretation des Gedichtes *Vom ertrunkenen Mädchen* am nächsten, die für mich deshalb auch den bestgelungenen und wichtigsten Teil des Werkes darstellt. Ebenso kommt Pietzcker da zu wichtigen Einsichten, wo an Hand der Werke die psychische Entwicklung des Autors Brecht deutend nachgezeichnet, „die Frage nach dem konkreten Subjekt, das sich in diesen Gedichten ausspricht" (S. 13) gestellt wird. (Was sagt übrigens ‚konkret' konkret? – möchte man häufig marxistische Autoren fragen.) Das ist das Hauptthema der zweiten Hälfte von Pietzckers Werk, die schlüssig die Zusammengehörigkeit von Gesellschaftskritik und Vitalismus[14], Brechts Weg zu einer „weitgehenden Überwindung der Sexualangst" (S. 294) und – in einem Schlußkapitel – zu einem annäherungsweise dialektischen Verständnis der Identität vorführt[15]. Freilich ge-

---

[13] So etwa die Fragestellung von H. Politzer: Hatte Ödipus einen Ödipuskomplex? München 1974, und P. Dettmering: Dichtung und Psychoanalyse. 2 Bde. München 1969–1974.

[14] Nicht ganz klar wird in diesem Zusammenhang, wieso die Mutter für den gesellschaftsabgewandten Naturbereich stehen kann, wenn sie doch auch die Norm der Gesellschaft vertritt (S. 222).

[15] In der intelligenten Polemik gegen Gerhard Szczesny (S. 305) über die Rolle des Marxismus für Brechts Entwicklung betont Pietzcker wohl zu Recht die innere Überwindung des anarchischen Nihilismus bei Brecht. Er kommt dabei nicht auf die Idee zu fragen, inwiefern etwa Parallelen zwischen der Rolle des Marxismus und der Rolle

lingt es Pietzcker nicht ganz, sich von der Peinlichkeit freizuhalten, die im Verteilen von Noten über sexuelle Normalität liegen — und was ist schließlich „wirklich freie Sexualität" (S. 294)? Bemerkenswert ist die immer mehr vom Einzelgedicht sich lösende Ausweitung der Darstellung und die fortschreitende Einbeziehung der Dramatik. Sie wird einläßlich aus dem Prozeß der Identitätsgewinnung interpretiert. Sehr einleuchtend ist ferner die Untersuchung der Grenzen und Entstellungen des Brechtschen Marxismus (S. 65 f., 353 ff.), auch gewisser Verarmungen und Planheiten der literarischen Substanz, die im Verlauf von Brechts Leben sich ausbreiten und — nach Pietzcker — mit den Entartungserscheinungen des Stalinismus zusammenhängen; man meint Pietzcker aufatmen zu hören, wenn er Brecht einmal mehr Kritik an der Parteilinie als Beweis der Persönlichkeitsreifung bescheinigen kann (z. B. S. 307 f.).

Grundsätzlich tauchen an dieser Stelle allerdings ebenso viele Probleme wieder auf, wie gelöst werden. Neigt Pietzcker an einigen Stellen der Arbeit dazu, Dichtung, zumindest bürgerliche, generell für den Ausdruck beschädigten Bewußtseins zu halten (S. 17) — als Musterbeispiel für den guten Bewußtseinsstand schlechter Lyrik ließe sich dann das S. 293 zitierte *Elfte Sonett* interpretieren —, so entsteht an anderen Stellen der Eindruck, daß literarische Mängel in Mängeln des marxistischen Bewußtseinsstandes noch beim späten Brecht (S. 353 ff.) und in den

---

der Religion bei der Sozialisation bestehen könnten; Religion dabei verstanden als eine Art von Massenneurose, welche die persönliche Neurose überflüssig macht. So ja die Deutung Freuds (s. Pietzcker, S. 238).

Krisensituationen des Klassenkampfes begründet sind, in denen aktiv zu sein sich Brecht dennoch entschied (S. 65). Das Wechselverhältnis von Literatur und Bewußtsein, literarischer und Bewußtseinshöhe bleibt so letztlich unklar. Immerhin wird so viel deutlich, daß Pietzcker den Erklärungswert der psychoanalytischen Literaturwissenschaft in dem Maße zurückgehen sieht, in dem pathologische Züge aus dem Bild des Autors verschwinden (S. 356). So ergibt sich eine innere Rechtfertigung der Themenbegrenzung auf die Lyrik des jungen Brecht. Zu Recht lehnt es Pietzcker ab, Brechts Entwicklung als bloße individuelle Krankengeschichte zu fassen (S. 335) – er betont demgegenüber die gesellschaftliche Verflechtung pathologischer Züge beim Individuum und die Rolle von Brechts literarischer Produktivität für die Selbstheilung seiner Psyche (S. 153. 298. 336 u. ö.). Mit dieser Generalthese bekräftigt Pietzcker allerdings, daß sein Interesse viel mehr dem Autor als dessen Werk in seinem Eigengewicht gilt. Damit bleibt aber das Grundproblem: Was hat die Leistung des Werks für den Autor letztlich mit seiner literarischen Qualität zu tun? Es gibt Beispiele für Literatur höchsten Ranges, die offensichtlich keinen therapeutischen Effekt, zumindest keinen Dauereffekt für den Autor erbracht hat, die also von derartigen Leistungen her nicht gefaßt werden kann – man denke an Jakob Michael Reinhold Lenz, Heinrich von Kleist oder Friedrich Hölderlin. Das Problem läßt sich noch zuspitzen: Wie weit kann größte künstlerische Potenz auf psychisch bedingter Lebensunfähigkeit beruhen? Kann die Selbstsensibilisierung des Künstlers in der Produktion ihn zum Leben unfähig machen? Die Thematik ist seit *Torquato Tasso* bis zu Thomas Mann geläufig. Umgekehrt ließe sich an den

Marxismus die Frage richten, ob ein Vorgriff des Bewußtseins auf psychisch noch nicht eingeholte oder nicht einholbare Positionen zur Verarmung der Sensibilität und damit der Produktivität führen kann – so wie sich in der Lyrik des in die Sowjetunion emigrierten Schauspielers Heinrich Greif die Selbsttröstung findet:

„Dann [in Zukunft] werden sich mir Harmonien schenken
auch im Gefühl wie heute schon im Denken."[16]

Der Frage eines möglichen Endes – oder erst voller Entfaltung der Kunst in der repressionsfreien klassenlosen Gesellschaft, wie sie der von der Psychoanalyse tingierte Marxismus denkt, ist die nach der Bedeutung der Subjektivität und Individualität parallel, die bei Pietzcker erstmals in der theoretischen Einleitung angesprochen wird, wo er die geläufige These referiert, das Individuum sei ein Produkt der bürgerlichen Gesellschaft, die es zugleich in seiner Tiefe durch Entfremdung in Frage stelle (S. 14 f.). In der bekannt düsteren marxistischen Charakterisierung der sogenannten kapitalistischen und spätkapitalistischen Gesellschaft droht für Pietzcker allerdings das Individuum zu einem bloßen Schein zu werden; allenfalls zu einem Schauplatz der Leidenserfahrung. Nun ist aber „bürgerliche Lyrik" keineswegs immer und nur Ausdruck des Widerspruchs zum gesellschaftlichen Ganzen, Negation des Funktionierens in diesem Ganzen – es gibt bürgerliche Lyrik höchsten Ranges, welche die Selbsterfahrung des Individuums in der Welt enthusiastisch

---

[16] Ein Deutscher dreißig Jahre alt. Gedichte des Schauspielers Heinrich Greif. Weimar 1947, S. 19.

feiert. Die real, wenn freilich widerspruchsvoll stattgehabte Entfaltung des Individuellen als einer neuen unverzichtbaren Qualität des Menschlichen wird bei Pietzcker fast völlig übergangen[17], so daß die Forderung nach einer dialektischen Fassung der Subjektivität und Identität, die doch offenbar eine dialektische Aufhebung des individuellen Moments in der sozialistischen Gesellschaft auch im Sinne einer Bewahrung meint, dann ziemlich in der Luft hängt[18]. Insbesondere

---

[17] Dagegen gibt jüngst der sowjetische Ästhetiker Vladimir Tolstoi eine Apologie des Individualitätsbegriffs: „Das humanistische Prinzip der Entfaltung der Persönlichkeit [...], die Anerkennung des Wertes eines jeden menschlichen Individuums, die während der Epoche der Herausbildung und des Aufschwungs kapitalistischer Verhältnisse so rigoros verteidigt wurden, werden jetzt von den neuesten Ideologen der linksbürgerlichen Sekte [...] verleugnet und vom Thron gestoßen, wohingegen dieses humanistische Prinzip als nicht wegzudenkender Bestandteil in unsere sozialistische Konzeption des harmonisch entwickelten Menschen der Zukunft übernommen wird." (V. T.: Standardisierung und Entfaltung der Persönlichkeit [I]. In: Bildende Kunst Bd. 77/1974, S. 38—40, hier: S. 40).

[18] Noch unverständlicher ist von hier aus Pietzckers undialektische Übersteigerung der Autonomieposition des Individuums, wenn er Sprache als „vom Über-Ich geprägtes Bewußtsein und Verhalten" versteht: „sie ist ‚Muttersprache', die im ‚Vaterland' gilt. Das ‚dichtende Ich' benützt die Sprache des Über-Ich und vernichtet sie; eine eigene deutende und wertende Sprache hat es noch nicht entwickelt, weil es sich selbst noch nicht als seiner Aufgabe gewachsenes Ich konstituieren konnte." (S. 123) Hier drückt sich, hinter einer oberflächlich richtigen Beschreibung bestimmter Stileigentümlichkeiten des frühen Brecht, ein völliges Mißverständnis von Sprache, ein elementares und vorrationales Mißtrauen in die sozialen kommunikativen Einbettungen aus, in denen das Indivi-

die Skizze der „bürgerlichen Liebe" an Hand der in marxistischen Kreisen beliebten Ausführungen Kants aus der *Metaphysik der Sitten* über die Ehe als Vertragsverhältnis kommt zu einem sehr einseitigen Ergebnis (S. 262 ff.), verglichen etwa mit der Darstellung des Komplexes bei Jürgen Habermas in *Strukturwandel der Öffentlichkeit*[19], der gewiß nicht der Sympathien für das bürgerliche System verdächtig ist (ähnlich schlicht, wenn auch orthodox im Sinne der Psychoanalyse, ist übrigens S. 219 der Zusammenhang von Religion und Sexualeinschränkung gefaßt). Pietzcker ‚verdrängt' gerade an dieser Stelle die außerordentliche Rolle der Liebe für die Entfaltung der modernen Individualität, von der die Literatur unüberhörbares Zeugnis ablegt. Diese Entfaltung der Individualität in der Liebe ist nicht nur ein Gegenbild zur Auffassung der Ehe als Vertragsverhältnis; beide hängen sogar eng zusammen, denn die zumindest ideelle Freisetzung der Ehegatten zur Vertragspartnerschaft ist ein entscheidender Schritt über die patriarchalische Familie hinaus, die ja auch keinesfalls bürgerlich, sondern als europäische Rechtsform römisch ist. Diese Freisetzung der Ehegatten, die wohl in Analogie zur Lehre vom Staatsvertrag gesehen werden kann, gibt die Basis ab für die Auffassung der Liebe als Partnerschaft Gleichberechtigter und Gleichwertiger.

---

duum sich vorfindet. Eine Gesellschaft, in der Sprache nicht mehr als Vater- und Muttersprache vorfindbar wäre, sondern als Individualsprache von jedem Sprecher entwickelt werden müßte, wäre die Gesellschaft eines Irrenhauses.

[19] Strukturwandel der Öffentlichkeit. Untersuchungen zu einer Kategorie der bürgerlichen Gesellschaft (Politica. Abhandlungen und Texte zur Politischen Wissenschaft. 4). Neuwied/Berlin ⁵1971.

Wenn im übrigen hier Pietzckers Bild der bürgerlichen Gesellschaft keinen weiteren Anzweiflungen ausgesetzt werden soll, dann deshalb, weil die Hauptdifferenzpunkte zwischen den weltanschaulichen Lagern vom Konservatismus bis zur äußersten Linken weniger in der Kritik der bestehenden Gesellschaft als in den Heilungsrezepten bzw. im Vertrauen oder Nichtvertrauen auf Systemsprengung bestehen.[20] Zweifellos liegt ja auch eine der Berührungsmöglichkeiten zwischen Marxismus und Psychoanalyse darin, daß ihr Hauptinteresse nicht einem positiven anthropologischen oder sozialen Entwurf, sondern pathologischen Zuständen der Gesellschaft oder des Individuums gilt. Mag dabei schon der von der Psychoanalyse angesetzte Maßstab dessen, was Normalität sein soll, einigermaßen vage, wenn nicht in manchen Zügen fiktiv sein, so bleibt sie doch, sofern sie den gesellschaftlichen Rahmen als gegeben ansieht und von der Notwendigkeit von Triebverzicht und Triebsublimierung ausgeht, dem Bestehenden näher und darin rational besser kontrollierbar als der Marxismus mit seinem Entwurf einer klassenlosen Gesellschaft, dem Pietzcker von Adorno und der Psychoanalyse her ein des ‚Über-Ichs' lediges (S. 317), in seinen kindlichen Inzestwünschen nicht mehr frustriertes (S. 189), sich dialektisch verstehendes und verhaltendes Individuum einzeichnet. Die anthropologische Literatur, die vom Inzestverbot als „einer sozialen, aber universalen Regel" ausgeht, „die also an der Natur der Tatsachen teilhat", erwähnt Pietzcker

---

[20] So sind etwa jüngst die weitgehenden Analogien in der Gesellschaftskritik Hans Freyers und Herbert Marcuses aufgezeigt worden. Siehe Pedro Demo: Herrschaft und Geschichte. Zur politischen Gesellschaftstheorie Hans Freyers und Herbert Marcuses. Meisenheim 1973.

nicht[21]. Nimmt die Arbeit im Glauben an den Erkenntniswert des Bündnisses von Marxismus und Psychoanalyse ihren Ausgang, so mündet sie an dieser Stelle wieder in einen Glauben ein, den zu kritisieren nicht Aufgabe einer wissenschaftlichen Würdigung sein kann. Sie hat festzuhalten, daß bei Pietzcker eine Methodensynthese von Hermeneutik und Dialektik, eine Kombination von Psychoanalyse, Phänomenologie und Marxismus versucht ist, die es sich nicht leicht macht, auch nicht in der Einbeziehung der Forschung auf diesen heterogenen Gebieten. Das theoretische Gesamtkonzept kann ich kaum für eine Lösung, eher für die Exposition eines weiten Fragenfeldes halten. Am Ende sehe ich mich in der merkwürdigen Lage, eine Monographie wissenschaftlich anzuerkennen, deren ideologische Prämissen ich ablehne und deren literaturtheoretische Thesen ich weithin für Irrtümer auf hohem Niveau halte. Was bleibt, ist eine Brecht-Darstellung, die das Phänomen in großer Komplexion, aber nicht auf gleichem Niveau der Integration faßt.

---

[21] Siehe D. Sperber: „Der Strukturalismus in der Anthropologie". In: Einführung in den Strukturalismus. Hrsg. F. Wahl. (Suhrkamp Taschenbuch Wissenschaft. 10). Frankfurt a. M. 1973, S. 181–258, Bibliographie: S. 258, Zitat hier: S. 183.

Über den Umgang mit Republikanern, Jakobinern und Zitaten

> Motto: manche meinen
> lechts und rinks
> kann man nicht
> velwechsern.
> werch ein illtum!
> Ernst Jandl

Aktuelle und lange vernachlässigte Fragestellungen der Germanistik, der Geschichte und der Politologie zur Epoche der Aufklärung werden diskreditiert, wenn die Rekonstruktion einer deutschen republikanischen und demokratischen Tradition in die Konstruktion, die Auffindung vergessener Jakobiner in deren Erfindung umschlägt. Hier ein paar zufällige Lesefrüchte, aufgesammelt anläßlich einer Studie über Johann Heinrich Voß.*

Beginnen wir am Rande: Hedwig Voegt, Herausgeberin von *Voß. Werke in einem Band*, behauptet für

---

* Gerhard Kaiser: Idyllik und Sozialkritik bei Johann Heinrich Voß. In: Festschrift f. Wilhelm Emrich. Berlin, New York 1975. S. 302–319. Meine Glosse trifft sich in der Forderung nach einer spezifischen Verwendung des Begriffs ‚deutsche Jakobiner' und nach der Diskussion auch der literarischen Form politischer Literatur mit den differenzierten Ausführungen von Harro Segeberg: Literarischer Jakobinismus in Deutschland. Theoretische und methodische Überlegungen zur Erforschung der radikalen Spätaufklärung (in: Literaturwissenschaft und Sozialwissenschaften, 3: Deutsches Bürgertum und literarische Intelligenz 1750–1800. 1974, S. 509–568), die ich erst nach der Drucklegung meines Textes kennenlernte.

die „Dichter der vorrevolutionären Periode" in Deutschland:[1] „Aus den Epen Homers entlehnte man seine idealen Vorstellungen von einer bürgerlichen Demokratie und versuchte, sich mit den griechischen Helden und Halbgöttern zu identifizieren. Jakob Michael Reinhold Lenz, ein Dichter aus dem Kreise des jungen Goethe, rief deshalb seinen Dichterfreunden Herder und Goethe zu: ‚Die Leiden griechischer Helden sind für uns bürgerlich.'" Das bei Voegt nicht nachgewiesene Lenz-Zitat steht im „Pandämonium Germanicum" II, 5. Es lautet im Zusammenhang: „Geht in die Geschichte, seht einen emporsteigenden Halbgott auf der letzten Staffel seiner Größe gleiten oder einen wohltätigen Gott schimpflich sterben. Die Leiden der griechischen Helden sind für uns bürgerlich, die Leiden unserer sollten sich einer verkannten und duldenden Gottheit nähern." Es handelt sich bei Lenz also gerade nicht um Identifizierung mit der Antike, sondern um Abhebung von ihr: Die antiken Tragödienhelden standen unter dem Schicksal, während für die moderne Tragödie mit ihrem Prototyp Shakespeare gilt: „... der Held allein ist der Schlüssel zu seinen Schicksalen."[2] Daß die Leiden der griechischen Helden für uns bürgerlich sind, sagt nichts anderes, als daß sie, in die Moderne transponiert, lediglich Komödienhelden wären: „Herr was ehmals auf dem Kothurn ging sollte doch heutzutag mit unsern [Dramenfiguren] im Soccus reichen. Soviel Trauerspiele sind doch nicht umsonst gespielt worden, was ehmals

---

[1] 1972, S. XXIII.
[2] Anmerkungen übers Theater. In: J. M. R. L.: Werke und Schriften, Hrsg. Britta Titel und Hellmut Haug. 1966, Bd. 1, S. 360.

grausen machte, das soll uns lächeln machen."[3] Mit anderen Worten: Voegt hat den Sinn des Zitats in sein Gegenteil verkehrt, und mit bürgerlicher Demokratie hat es gar nichts zu tun.

In der Einleitung zu seiner Chrestomathie *Von deutscher Republik. 1775 bis 1795. II. Theoretische Grundlagen*[4] sagt Jost Hermand über die Idylle *Die Leibeigenen* von Johann Heinrich Voß, daß „die niedergetretenen Sklaven sich aufbäumen und ihnen (den Junkern) den ‚roten Hahn' aufs Dach setzen wollen." An diesem Inhaltsreferat der Vossischen Idylle ist alles falsch. E i n Leibeigener bäumt sich in ihr auf und will e i n e m Junker den roten Hahn aufs Dach setzen, beugt sich aber alsbald den religiös-moralischen Ermahnungen des anderen. In der bei Hermand abgedruckten Erstfassung lauten sie:

> Aber es heißt: Die Rach ist mein, und ich will
> vergelten,
> Spricht der Herr! Und dann, dein armer Vater
> und Bruder!

Die darauf erfolgende Antwort nimmt nur die religiöse Mahnung, nicht die Warnung vor den Folgen für Vater und Bruder auf:

> Herrlicher Spruch: Die Rach ist mein, und ich
> will vergelten!
> Ha! das erquickt! Ja, ich will geduldig leiden
> und hoffen![5]

In der Ausgabe von 1801 fehlt dann auch das praktische Argument, das religiöse ist entschieden verstärkt

---

[3] „Pandämonium Germanicum" II, 5. In: J. M. R. L.: Werke ... Bd. 2, S. 275.
[4] 1968 (= Sammlung Insel), S. 17.
[5] Ebd., S. 94.

bis zu dem Ausruf: „Hebe dich weg! Mordbrenner!"
Übrigens hat Hermand in der Vorbemerkung lediglich
den Obertitel der Erstausgabe *Die Leibeigenschaft* zitiert, im Textteil dann aber die Idylle unter dem Untertitel der Erstausgabe *Die Pferdeknechte* abgedruckt, so
daß nur der Kenner weiß, daß es sich beide Male um
die gleiche Dichtung handelt. Der irreführende Eindruck der „Explosivkraft" dieser Idylle[6] wird dadurch
verstärkt, daß Hermand Voß' Idylle *Die Freigelassenen*
mit keinem Wort erwähnt, die 1775, im Erscheinungs-
jahr der *Leibeigenen,* als Pendant dazu gedichtet
worden ist. Sie zeigt in Erbpachtverhältnisse über-
führte, von ihrem aufgeklärten adligen Gutsherrn frei-
gelassene, glückliche Bauern. Adliger Herr und
Bauerngemeinde leben miteinander wie Vater und
Kinder: „... Ein Wink vom lieben Herrn: wir thuns!
Und liefen durch das Feur!" rufen die Bauern, und
„Es lebe unser Vater hoch!" – „Alles nennt ihn Vater,
geheim und öffentlich; alles segnet ihn," den „Gütigen."[7] Entsprechend ist auch die Lebensweise der
Bauern untereinander ganz nach dem Ordnungsbild
des patriarchalischen Hauses gedacht, in dem die
Dienstboten als Kinder galten und den Kindern des
Hauses gleichgeachtet waren.[8]

Die altertümliche patriarchalische Familien- und
Gesellschaftsstruktur, die der radikale Gesellschafts-
und Adelskritiker Voß hier als Wunschbild entwirft,

---

[6] Ebd., S. 17.
[7] Johann Heinrich Voß: Idyllen. Faksimiledruck nach der Ausgabe von 1801. Mit einem Nachwort von E. Theodor Voss. 1968, S. 92, 93, 88.
[8] s. Rolf Engelsing: Dienstbotenlektüre im 18. und 19. Jahrhundert, in R. E.: Zur Sozialgeschichte deutscher Mittel- und Unterschichten. 1973, S. 180–224, dort S. 184.

ist in seiner Zeit in voller Auflösung begriffen, aus der sich die moderne bürgerliche Kleinfamilie herauskristallisiert – ein Vorgang, dem sich auch ein Paradepferd unter den wiederentdeckten deutschen Revolutionsanhängern, der Freiherr von Knigge, entgegenstemmt. In seinem Buch *Über den Umgang mit Menschen* heißt es in der dritten Auflage von 1790, also im ersten Jahr der Französischen Revolution:

„Unsre feine Lebensart hat einem der ersten und süßesten Verhältnisse, dem Verhältnisse zwischen Hausvater und Hausgenossen alle Anmut, alle Würde genommen. Hausvatersrechte und Hausvatersfreuden sind größtenteils verschwunden. Die Gesinde werden nicht als Teile der Familien angesehn, sondern als Mietlinge betrachtet, die wir nach Gefallen abschaffen, so wie auch sie uns verlassen können, sobald sie sonst irgendwo mehr Freiheit, mehr Gemächlichkeit, oder reichere Bezahlung zu finden glauben..."[9]

Das gleiche Werk enthält übrigens noch in der sechsten Auflage von 1796 einen Abschnitt „Zuviel Aufklärung taugt nicht für niedere Stände" mit den folgenden Verfahrensregeln:

„Verlange nicht einen übermäßigen Grad von Kultur und Aufklärung von Leuten, die bestimmt sind, im niedern Stande zu leben! Trage auch nicht dazu bey, ihre geistigen Kräfte zu überspannen und sie mit Kenntnissen zu bereichern, die ihnen ihren Zustand widrig machen und den Geschmack an solchen Arbeiten verbittern, wozu Stand und Bedürfniß sie aufrufen! ... Die beste Aufklärung des Verstandes ist die, welche uns lehrt, mit unsrer Lage zufrieden und in un-

---

[9] Adolph Freiherr von Knigge: Über den Umgang mit Menschen. Hrsg. Alexander von Gleichen-Rußwurm. o. J. (= Deutsche Bibliothek), S. 204.

sern Verhältnissen brauchbar, nüzlich und zweckmäßig thätig zu sein. Alles Uebrige ist Thorheit und führt zum Verderben."[10]

Pikanterweise gibt es bei Goethe eine entsprechende Äußerung, die nicht wenig zu seiner Diskreditierung in progressiven Kreisen beiträgt: „Denn der erste Grad einer wahren Aufklärung ist, wenn der Mensch über seinen Zustand nachzudenken und ihn dabei wünschenswert zu finden gewöhnt wird." So steht es in Goethes Voß-Rezension,[11] und tatsächlich gibt es bei Voß diese Tendenz, etwa in dem Lied „Zur Arbeit":

> Der Gute sieht sein Werk gedeihn,
> Und schweiget stolz bei stolzem Tadel.
> Für Ehre gilt ihm ehrlich sein,
> Und Edelmut verleiht ihm Adel;
> Der Erde Göttern lebt er gleich,
> Zufrieden stets, wenn auch nicht reich.

Knigge jedenfalls hat seine Meinung über die Grenzen der Aufklärung auch direkt ins Politische übersetzt:

„... immer wird der größere Theil der Menschen in jedem Jahrhunderte unmündig bleiben, wird Lenkung, Gesezze, ja! Zwangsmittel und Täuschung bedürfen. Diese Fesseln trägt auch Jeder gern ohne Murren, wenn d e r, welcher sie ihm anlegt, nur dabey die Mühe übernimmt, ihm Sicherheit und Ruhe zu verschaffen. Er läßt sich gern einen Theil seiner Unabhängigkeit rauben, wenn er dagegen einen Theil seiner Sor-

---

[10] Zit. Engelsing, S. 200; in der 3. Aufl., hrsg. von A. v. Gleichen-Rußwurm, S. 271.
[11] Goethes Werke. Hrsg. Karl Heinemann (Meyers Klassiker-Ausgaben). Bd. 25, S. 173.

gen von sich abwälzen kann; er thut gern Verzicht auf eignes Denken, wenn d e r, welcher für ihn denkt, ihm nur Resultate liefert, die ihn beruhigen; er läßt sich gern täuschen, wenn diese Täuschung nur tröstlich ist – kurz! er opfert gern seine Freiheit auf, wenn dies Opfer nur freywillig und für ihn wohlthätig ist, oder scheint."[12]

Wer hätte so viel affirmative Energien und so viel langfristige Skepsis bei einem Geist erwartet, den Gerhard Steiner, der Herausgeber der kritischen Georg Forster-Ausgabe der Berliner Akademie der Wissenschaften, als „Sprecher für die demokratischen Forderungen des Volkes" und Träger von Ansichten bezeichnet, die geeignet waren, „... die sich innerhalb des ‚dritten Standes' bildende Schicht des Vorproletariats politisch zu kräftigen." Das als Kommentar zu der eben zitierten Schrift Knigges: *Josephs von Wurmbrand politisches Glaubensbekenntniß, mit Hinsicht auf die französische Revolution und deren Folgen.*[13] Knigge preist in diesem Essay zur Französischen Revolution „die Regierung des edeln Kaisers Joseph"[14]; Friedrich II. heißt bei ihm „das Muster aller Könige, das Wunder aller Zeitalter, Friedrich der Einzige,"[15] und im übrigen sieht der Freiherr „... herrliche Aussichten von Ruhe und Wohlstand ... in Teutschland, wo so viele gute Fürsten den besten Willen, ihre Mitbürger glüklich und froh zu machen, mit erhabnen Vor-

---

[12] Adolph Freyherr Knigge: Josephs von Wurmbrand politisches Glaubensbekenntniß, mit Hinsicht auf die französische Revolution und deren Folgen. Hrsg. Gerhard Steiner. 1968 (= Sammlung Insel 33). S. 75.
[13] Ebd., Nachwort von Gerhard Steiner, S. 134, 136.
[14] Ebd., S. 103.
[15] Ebd., S. 101.

zügen des Geistes verbinden." Wie bei vielen gemäßigten Aufklärern wird die Hauptschuld an politischen Mißständen in Deutschland auf die „Vezire, ... Paschas," also die Ratgeber und Minister abgeleitet.[16] Da Knigge im *Wurmbrand* die monarchische Regierungsform „vielleicht die zwekmäßigste" nennt[17] und sogar die Erbmonarchie propagiert, kann Steiner ihn nur unter dem Vorbehalt zum „bürgerlich-revolutionären Demokraten" bzw. „begeisterten und mutigen Demokraten"[18] ernennen: „Wie dem auch sei, objektiv wirbt Knigges politisches Glaubensbekenntnis nicht nur für die Position der Französischen Revolution vom Beginn des Jahres 1792, sondern für die republikanischen Tendenzen, die den Ideen der französischen Revolutionäre zugrunde lagen."[19] Der marxistische Gebrauch von „objektiv" ist bekannt; er meint soviel wie: Knigge war ein Republikaner, ob er es nun wußte und wollte oder nicht.

Denn wenn „Knigges Erörterungen über eine Beibehaltung eines fürstlichen Staatsoberhauptes aus diplomatischen Erwägungen in die Apologie der Französischen Revolution eingebaut wurden," wie Steiner vermutet,[20] wie wäre dann die von Steiner selbst hervorgehobene Empörung des Freiherrn über seine Maßregelung durch die hannöversche Regierung wegen dieser Schrift zu verstehen? „‚ Sie wollen mich mutlos machen, damit ich meinen Abschied nehmen soll und sie nachher sagen können: ich sei ein unruhiger Kopf', schrieb er neben weit härteren Worten mit hastigen,

---

[16] Ebd., S. 104, 109.
[17] Ebd., S. 76 f.
[18] Ebd., S. 137, 155.
[19] Ebd., S. 139.
[20] Ebd., S. 137.

aufgeregten Schriftzügen auf die Rückseite der obrigkeitlichen Rüge" – so Steiner.[21] Knigge hat sich also offenbar nicht für einen unruhigen Kopf gehalten, sondern wirklich für einen Reformer, der einer Revolution in Deutschland vorbeugen will, und so hat er auch den königlichen Leibarzt und Hofrat Johann Georg Zimmermann bei der königlichen Justizkanzlei in Hannover wegen Verleumdung und Beleidigung angezeigt, als dieser ihn mit einer aus dem *Wurmbrand* zusammengestellten und in einer Flugschrift veröffentlichten Zitatensammlung zum Umstürzler abstempeln wollte. Daß Knigge diesen Prozeß gewonnen hat, spricht nicht für seine Gefährlichkeit als Revolutionär, aber für eine gewisse Rechtsstaatlichkeit in Hannover.[22]

Noch einen Schritt weiter als Steiner geht Iring Fetscher, der Knigge schlichtweg als „der jakobinische Freiherr" apostrophiert[23] – man fragt sich, wie ein Politologe mit einem derartig unspezifischen Begriff von Jakobinismus leben kann, den man allenfalls Germanisten in der Debatte über Hölderlins Jakobinismus zutrauen mag, und hört schon auf sich zu wundern, wenn Fetscher unter anderen Schriften Knigges auch dem *Wurmbrand* ein nachdrückliches Eintreten für „republikanische Verfassung" bescheinigt[24], zwei Seiten weiter in seinem Nachwort aber Knigges Empfehlung an die deutschen Fürsten zitiert, „durch rechtzeitige und ausreichende Reformen der revolu-

---

[21] Ebd., S. 124.
[22] s. Steiner, ebd., S. 146 ff.
[23] Adolph Freyherr Knigge: Des seligen Herrn Etatsraths Samuel Conrad von Schaafskopf hinterlassene Papiere. Mit einem Nachwort von Iring Fetscher (= Sammlung Insel 12). 1965, S. 102.
[24] Ebd., S. 94.

tionären Welle zuvorzukommen, damit in Deutschland eine gewaltsame Revolution überflüssig gemacht werde."[25] Im *Wurmbrand,* der im Januar 1792 geschrieben wurde[26], tritt Knigge für die revidierte französische Verfassung vom 3. Sept. 1791 mit Zensuswahlrecht und Beibehaltung der Monarchie ein und geht von der „unbezweifelten Einstimmung" Ludwigs XVI. aus.[27] Im übrigen ist Fetschers Feststellung: „... die noch im Gang befindliche französische [Revolution] findet Knigges uneingeschränkten Beifall"[28] für den *Wurmbrand* schlichtweg falsch: Knigge e r k l ä r t die Revolution aus der französischen Situation, aber er weigert sich wiederholt mit größtem Nachdruck sie zu b e u r t e i l e n, ja in dieser Unterscheidung liegt geradezu ein Sinn seiner Schrift: „Nur Wenige sind weise genug, sich aller entscheidenden Urtheile zu enthalten, das, was geschehn ist, wie unvermeidliche Folge vorhergegangener Misbräuche zu betrachten und die beste Entwicklung von der gütigen und weisen Vorsehung zu erwarten."[29] „Ich glaube nun hinlänglich erwiesen zu haben, daß jezt noch jedes bestimmte Urtheil über das, was in Frankreich geschehn und was davon zu erwarten ist, übereilt seyn würde."[30] Bei diesen Textbefunden müßte Fetscher doch wenigstens sagen, daß er zwischen den Zeilen gelesen hat, und zwar was er wollte.

Natürlich fehlt Knigge auch nicht in Jost Hermands Sammlung *Von deutscher Republik,* wo er mit der

---

[25] Ebd., S. 97.
[26] s. Wurmbrand, S. 61.
[27] Ebd., S. 62.
[28] s. Schaafskopf, S. 96.
[29] s. Wurmbrand, S. 44.
[30] Ebd., S. 52. vgl. auch S. 28.

Empfehlung nicht etwa einer republikanischen Verfassung, sondern des Wahlkönigtums zu Wort kommt. Da das Zitat aus Knigges Schrift *Benjamin Noldmanns Geschichte der Aufklärung in Abyssinien* von 1791 stammt, wäre sogar zu fragen, wieweit diese Position durch Knigges Eintreten für die Erbmonarchie im *Wurmbrand* von 1792 überholt ist.[31] Wie viele der Autoren, die Hermand in seiner Chrestomathie abdruckt, waren überhaupt Republikaner? Auf der gleichen Seite seiner Abhandlung, die den Lapsus über Voß enthält, ernennt Hermand den alten Reichspatrioten Friedrich Carl von Moser, einen Spätpietisten eher als einen Spätaufklärer, zum „aufrechten Republikaner."[32] In Hermands Studie „In Tyrannos. Über den politischen Radikalismus der sogenannten ,Spätaufklärung' "[33], wo die gleichen Überlegungen noch einmal erweitert abgedruckt sind, wird Moser als „republikanisch Denkende(r)" sogar neben Andreas Georg Friedrich Rebmann gestellt.[34] Nichts lag ihm ferner! „Hätte der gute unglückliche König Ludwig XVI. stets verstanden, nur zu befehlen, und hätte er desto weniger um Rath gefragt, so würde er wahrscheinlich um so gewisser Leben und Krone behalten haben," ist der Nachruf dieses „aufrechten Republikaners" auf den von der Französischen Revolution gestürzten König[35], und von Ge-

---

[31] s. J. H.: Von deutscher Republik. II. Theoretische Grundlagen, S. 137–139.
[32] Ebd., S. 17 – Vorbemerkung.
[33] s. J. H.: Von Mainz nach Weimar [1793–1919]. Studien zur deutschen Literatur. 1969, S. 9–52.
[34] Ebd., S. 29.
[35] Karl Friedrich Ledderhose: Aus dem Leben und den Schriften des Ministers Freiherrn Friedrich Karl von Moser. 1871, S. 164.

sellschaftsvertrag und Volksmajestät denkt Moser an der Jahreswende 1791/92 so:

„Die Träumereien und Grübeleien von Entstehung der bürgerlichen Gesellschaft, von dem angeblichen Gesellschafts-Vertrag, von dem Ursprung der landesherrlichen und obrigkeitlichen Gewalt greifen epidemisch immer weiter um sich, sie stecken helle und stumpfe Köpfe an, wie ein russischer Schnupfen, genannt Influenza, und verdienen diesen Namen mit der That ... Pauli Brief an die Römer Cap. 13, 1–5 ... ist der wahre Contract social; vom Titel der Gewalt ist hier keine Frage, aber: Gott hat's befohlen! Er legt's auf das Gewissen der Menschen! Lassen wir diesen Faden los, lassen wir diesen Glauben: D i e O b r i g k e i t i s t v o n G o t t ! dem Volk verdächtig und zweifelhaft machen, wohl gar aus dem Herzen reißen, so ... ist's um die Sicherheit der Throne, um die rechtmäßige Gewalt der Fürsten, um das Ansehen der Obrigkeit, um Ruhe und Sicherheit der ganzen menschlichen Gesellschaft geschehen, dann haben wir hohe Volksmajestät mit Laternen-Pfählen statt Scepter, hohe Volksjustiz mit Metzgermessern und alle die Greuel, wovon uns Frankreich so schreckliche Beispiele darstellt..."[36]

Moser geht sogar noch weiter:

„Es kann Niemand den Despotismus stärker und aufrichtiger hassen, als ich. Der Beweis davon liegt nicht nur in meinen Schriften, sondern auch in meinem Leben. – Alle, alle, Gott und einem gerechten Fürsten sei's gedankt! nun überstandene Leiden und Qualen würde ich aber noch einmal ausgestanden haben, ehe ich mir erlaubt und einem Christen und deutschen

---

[36] Ebd., S. 147 f.

Manne anständig gehalten hätte, Funken des Mißvergnügens bei Unterthanen anzublasen, Unruhen anzuzetteln, Landesbeschwerden zu collectiren, um davon öffentlichen oder geheimen Gebrauch zu machen und, mit einem Wort, an dem Patent und Geburtsbrief eines Fürsten mich zu vergreifen; ich würde geglaubt haben, noch weniger an ihm selbst mich zu versündigen, (denn wie viele Fürsten kennen ihre wahre Würde selbst nicht?) als an seinem Volk mich eines Hochverraths schuldig zu machen."[37]

Mosers Tyrannenkritik wurzelt in der Tradition der württembergischen Landstände und eines vom schwäbischen Pietismus geprägten Christentums, dessen Überzeugung von der Gleichheit aller Menschen vor Gott doch nicht so „illusorisch" war, wie Hermand meint.[38] Sein Ideal sind vorabsolutistische Landesväter wie Herzog Ernst der Fromme von Gotha, obwohl Moser selbst als leitender Minister in Hessen-Darmstadt von 1772 bis 1780 ziemlich absolutistisch regiert hat.

Es ist eben nicht alles republikanisch, was durch Tyrannenhaß glänzt, und selbst bei den eigentlichen Aufklärern liegen die Dinge oft sehr kompliziert, komplizierter offenbar, als Hermand lieb ist. So erwähnt er zwar die Verhaftung des entwichenen Benediktiners Peter Adolf Winkopp auf Veranlassung des Mainzer Kurfürsten wegen publizistischer Angriffe auf Kurmainz, nicht aber, daß Winkopp nach seiner Freilassung in Mainz blieb, sich mit dem Kurstaat aussöhnte und 1791 in kurmainzische Dienste trat, in denen er

---

[37] Ebd., S. 149 f.
[38] J. H.: „In Tyrannos," S. 25; zu Moser vgl. G. Kaiser: Pietismus und Patriotismus im literarischen Deutschland. 2. erg. Auflage 1973, Register.

bis zu seinem Tode 1813 aushielt. Wekhrlin wird bei Hermand und anderen als deutscher Radikaler gepriesen, aber seine Wendung zum Gegner der Revolution übergangen, die ihn kommentieren ließ: „Besser unter der sauberen Klaue eines Löwen als unter dem gemeinen Zahn der Wölfe." Franz Rudolf von Grossing figuriert als deutscher Republikaner, aber über sein Denunziantentum in österreichischer Haft, mit dem er sich bei der österreichischen Polizei wichtig zu machen suchte, wird der Mantel der Nächstenliebe gebreitet. Rebmanns Eintreten für die Revolution wird bemerkt, aber sein unaufhaltsamer Aufstieg als Beamter im kaiserlichen Frankreich und nach der Restauration sogar in Deutschland findet wenig Kommentare.[38a]

Ein besonders aufschlußreicher Fall ist der Magister Friedrich Christian Laukhard, den Hermand mit einer martialischen Fürstenschelte zitiert.[39] 1792 hat Laukhard den ersten Teil seiner Autobiographie „Dem Durchlauchtigsten Fürsten und Herrn, Herrn Friedrich August, Herzogen zu Braunschweig und Lüneburg, General der Infanterie der Preußischen Heere und Ritter des Preußischen Schwarzen-Adler-Ordens" als dessen „unterthänigster Knecht" gewidmet. Aus Friedrich Augusts Interesse für Laukhard ist die Niederschrift der Lebensgeschichte entsprungen. Gerührt berichtet

---

[38a] Für die genannten Autoren s. Hermand: Von Mainz nach Weimar, Register; zu Winkopp s. Fritz Valjavec: Die Entstehung der politischen Strömungen in Deutschland 1770–1815. 1951, S. 117; zu Wekhrlin s. ebd., S. 170 f.; zu Grossing s. ebd., S. 122; zu Rebmann s. ebd., S. 218. Hermand zitiert Valjavec in „Von Mainz nach Weimar", S. 13. Er hätte alle diese Informationen bei Valjavec bekommen können, wenn er sie hätte haben wollen.

[39] J. H.: „In Tyrannos," S. 18.

der Autobiograph über die Leutseligkeit des Herzogs,[40] und noch 1796 „... über das herrliche Beyspiel," welches der „muthvolle Monarch" Friedrich Wilhelm II. von Preußen während der Campagne in Frankreich gab.[41] Eine Parade vor dem „großen König" Friedrich II. von Preußen, an welcher der verbummelte Magister 1784 als einfacher Soldat teilnahm, schildert Laukhard mit den Worten: „Sein Anblick erschütterte mich durch und durch: ich hatte nur Auge und Sinn blos für Ihn! Auf Ihn war ich und alles concentrirt! viele tausend Personalitäten in eine einzige umgeschmolzen! Ein Heer, Eine Handlung! ... Es ist wahrlich etwas Göttliches, einen so großen Mann zu sehen! der Gedanke, daß man zu Ihm mit gehöre, erhebt zum Olymp hinaus."[42] Laukhard kam auf die Seite der Revolutionäre, bei denen er längere Zeit blieb, als preußischer Spion, der die Festung Landau ausspähen sollte. Später wurde Laukhard, wie er selbst sagt, vor die „revolutionnäre Inquisition"[43] gestellt. Nach Beendigung des „jakobinischen Unwesens"[44] kehrte er nach Deutschland zurück, und zwar mit einem sehr ausgewogenen Urteil über den revolutionären Terrorismus.[45]

Derselbe Laukhard äußert sich in seiner Autobio-

---

[40] F. C. Laukhards ... Leben und Schicksale, von ihm selbst beschrieben ... Fünf Teile. 1792–1802. 2. Theil. 1792, S. 443 ff.
[41] Ebd., 3. Theil. 1796, S. 166.
[42] Ebd., 2. Theil. 1792, S. 275.
[43] Ebd., 4. Theil, 2. Abt. 1797, S. 17.
[44] Ebd., 4. Theil, 2. Abt. 1797, S. 46.
[45] „Du wünschest, daß ich die Geschichte dieser gräuelvollen Zeit schreiben möchte? Ich kann es nicht! – O, seit ich weiß, daß keine Tugend in der Revolution ist, ekelt es mich an." So schrieb der Mainzer Jakobiner Georg Forster nach zwei Wochen Aufenthalt im Paris der Jakobinerherr-

graphie auch zu einem anderen Thema, für das Hermand eine vorschnelle, weil einseitige Lösung parat hält, wenn er meint, daß man sich nach dem Interventionsfeldzug von 1792 „auch auf dem rechten Rheinufer und in Süddeutschland die Franzosen herbeiwünschte" und „daß man den ins Rheinland vordringenden Revolutionsarmeen mit offenen Armen entgegenlief."[46] Dazu Laukhard über die Stimmung der Frankfurter nach der Vertreibung von Custine im Dezember 1792:

„... wenn Cüstine, zur Entschädigung für unsere Invasion nach Frankreich, nicht eine so starke Contribution gefordert hätte, so würde die Stadt noch Vortheile von seiner Gegen-Invasion gehabt haben. Aber dennoch war gleich nach der Wiedereinnahme auf einmal alles wieder deutsch, was vorher französisch in Frankfurt gewesen war. Sogar die Markörs auf den Kaffehäusern markierten auf deutsch; die Mamsellen hießen Jungfern, ohne es jedoch immer zu seyn; aus Toilette ward Putztisch, aus Pique Schippen, aus Coeur Herz und aus Carreaux Eckstein usw. Dieses läppische Zeug sollte, wie viel Anderes von eben der Art, Beweis des deutschen Patriotismus seyn, und die Frankfurter trieben es, bis sie endlich selbst Preußische Offiziere französisch sprechen hörten, wo sie sich denn schämten, und die Jungfer wieder in Mamsell umtauften usw."[47]

Es gilt wohl für einen guten Teil der Autoren, die

---

schaft am 16. April 1793 an seine Frau. Siehe Rainer Wuthenow: Vernunft und Republik. Studien zu Georg Forsters Schriften. 1970, S. 116.

[46] Jost Hermand: Von deutscher Republik. I. Aktuelle Provokationen. 1968. Vorbemerkung, S. 18, 17.

[47] F. C. Laukhards ... Leben und Schicksale ..., 3. Theil. 1796, S. 277 f.

Hermand für die Tradition der deutschen Republik zusammenrafft, was Laukhard 1796 seiner Kritik am berüchtigten Manifest des Herzogs von Braunschweig vorausschickt: „... ich bin kein Politiker, kein Aristokrat, kein Demokrat."[48] Man könnte sogar fragen, ob die literarische Qualität und der zeitgeschichtliche Quellenwert der Lebensgeschichte Laukhards nicht zu einem guten Teil in einer impressionistischen Offenheit und seismographischen Empfindlichkeit des Verfassers für verschiedenartige Eindrücke und Stimmungen begründet ist. Die Frage der literarischen Qualität liegt Hermand allerdings fern. In seiner Verdammung der Klassik und der Aufwertung der Spätaufklärung stellt er an keiner Stelle die Frage nach dem literarischen Wert und seiner Relation zum ideellen Gehalt der Werke. Weder ihm noch einem der hier kritisierten wissenschaftlichen Autoren stellt sich das für die Literaturwissenschaft doch brennende Problem, warum zahlreiche Zeugnisse des politischen Radikalismus literarisch so traditionell, ja epigonal und glanzlos bleiben, wie ein Blick in die heute leicht zugänglich gewordenen Quellen zeigt – zu schweigen von Georg Lukács' Problembewußtsein, der zur deutschen Klassik konstatierte, „daß (sofern sich die Volksmassen nicht in revolutionärer Gärung befinden) die Volkstümlichkeit rückschrittlicher ist als die ästhetisch-kontemplative Erkenntnis der dialektischen Bewegung in der Gesamtgesellschaft."[48a] Es grassiert heute ein Inhaltsfeti-

---

[48] Ebd., 3. Theil. 1796, S. 22.
[48a] Georg Lukács: Fortschritt und Reaktion in der deutschen Literatur. 1947, S. 47. Auch Theodor W. Adornos Problematisierung des Engagements der Literatur wäre hier zu bedenken (Engagement. In: Noten zur Literatur III. 1965, S. 109 bis 135).

schismus, dem alles schon bedeutend ist, was auf den ersten Blick progressiv aussieht, und dem jeder aufgeplatzte Hosenknopf zum Signal der Freiheit wird.

So liest man staunend bei Hermand: „Die wahrhaft Radikalen unter den bürgerlichen Demokraten forderten deshalb eine ‚Republik der Liebe,' in der Sinnenlust kein Adelsprivileg mehr ist, sondern jeder seinen Trieb befriedigt, wie sich das unter freien Menschen von selber versteht."[49] Dagegen sagt Heinrich Heine spöttisch-gerührt von den überlebenden Anhängern der Revolution 1789: „Da diese Republikaner eine sehr keusche, einfache Lebensart führen, so werden sie gewöhnlich sehr alt...," und auch bei einem Blick auf die Konfrontation von Danton und Robespierre in Büchners Drama hätte Hermand vielleicht gezögert, die Parteigänger der „ungehemmten ‚Natur'" gegen die „moralingetränkte Tugendpusselei der Empfindsamkeit" unbesehen auch zu Trägern des politischen Radikalismus zu ernennen. Immerhin ist Wilhelm Heinse, dem Wieland „unglücklichen Priapismus" vorwarf, wohl der bekannteste und bedeutendste Propagandist der Sinnenlust und der freien Liebe unter den deutschen Autoren der Zeit, vor der „Mainzer Freiheitsfarce" zu Jacobi geflohen und hat 1794 die erzbischöfliche Bibliothek dem Zugriff des französischen Regimes entzogen, während der Freiheitsapostel Friedrich Leopold von Stolberg in einem Brief vom 20. 11. 1787 an Gerhard Anton von Halem, den späteren Wallfahrer ins revolutionäre Paris, zur Verbrennung des *Ardinghello* auffordert, „weil in diesem bö-

---

[49] J. H.: Von deutscher Republik. II. Theoretische Grundlagen, Vorbemerkung S. 11.

sen, unzüchtigen Buch Religion und Tugend höhnisch angegriffen werden."⁵⁰

Nicht weniger schief als Hermands Sicht auf Johann Heinrich Voß ist die von Hans-Wolf Jäger, der in seiner Monographie *Politische Kategorien in Poetik und Rhetorik der zweiten Hälfte des 18. Jahrhunderts* einer „a- oder antipolitischen Klassik" einen „jakobinischen Voß" entgegenhält:⁵¹ „die Idylle unterstellt sich dem Kommando der revolutionären Bewegung."⁵² Wer das aus Voß' Idyllik heraushört, muß schon viel revolutionären Marschtritt im Ohr haben! Immerhin hat sich Voß 1775 unter Vorlage seiner Idyllen „Die Leibeigenen" und „Die Freigelassenen" beim Markgrafen Karl Friedrich von Baden, dem Förderer Klopstocks, um die neuzuschaffende Stelle eines „Landdichters" beworben, der die Aufgabe haben sollte, „die Sitten des Volks zu bessern, die Freuden eines unschuldigen Gesangs auszubreiten, jede Einrichtung des Staats durch seine Lieder zu unterstützen, und besonders dem verachteten Landmann feinere Begriffe und ein regeres Gefühl seiner Würde beizubringen." Voß

---

⁵⁰ s. Max L. Baeumer: Heinse-Studien. 1966, S. 13. Das Heinse-Wort von der „Freiheitsfarce" bei Erich Hock: Wilhelm Heinse und der Mainzer Kurstaat. In: Aschaffenburger Jahrbuch. Bd. 1. 1952, S. 160–187, dort S. 171. Heinse verwahrt sich sogar in der 2. Auflage des „Ardinghello" davor, den Roman mit „Begebenheiten" in Verbindung zu bringen, die sich „einige Jahre nach Erscheinung desselben ... zugetragen, die der Herausgeber, so plötzlich, nicht ahnden konnte." Republik der Liebe s. J. H.: Von deutscher Republik. II. Theoretische Grundlagen, Vorbemerkung S. 11. Das Heine-Zitat s. H. H.: Zur Geschichte der Religion und Philosophie in Deutschland. Hrsg. u. eingeleitet von Wolfgang Harich. 1966, S. 187 f.
⁵¹ 1970 (= Texte Metzler 10). S. 28.
⁵² Ebd., S. 25.

ein beamteter Revolutionär mit Pensionsanspruch an den Staat, den es umzustürzen gilt? Von solchen Strategien hat man gehört, aber nicht im alten deutschen Reich. Als Beleg für seine Charakteristik Vossens zitiert Jäger einen Brief an Gleim vom 5. April 1795, in dem Voß sein Gedicht „Das Oberamt" rechtfertigt: „Sind wir Schriftsteller denn nur zum Gutheißen des Hergebrachten... bestimmt? Nicht auch zum Warnen?"[53] Der vollständige Passus lautet:

„... Nun wohl! Die Zeit der Anfechtung wird vorübergehn! und dann wird es keinem Menschen einfallen, daß s o l c h e Gesinnungen aus Paris stammen! Es ist der durchgehende Geist a l l e r A l t e n; und wie mir's scheint, der einzige, der das Glück der Menschen sichert. Majestät des Volks! Woher haben wir das Wort Majestät? Und was bedeutet es, als Wille der Mehrheit, gesezmäßig erklärt? und einem Vollzieher übertragen? Der Sinn des Liedes geht so wenig auf Demokratie, daß selbst eine durch Stände unumschränkte Monarchie gebilligt wird, wofern der Monarch nur das laute einhellige Verlangen seines Volks nicht verachtet, nicht dem Volke den Krieg erklärt. Dawider handelte der Konvent, als er die Religion aufhob; dawider Joseph in den Niederlanden; dawider König Georg in Amerika; dawider – doch wer mag aufzählen! Sind wir Schriftsteller denn nur zum Gutheißen des Hergebrachten, oder seit kurzer Zeit Gewordenen bestimmt? Nicht auch zum Warnen? Man hört es nicht! So wollen wir ganz schweigen; aber auch keinen Laut zum

---

[53] Ebd., S. 25. Zum Landdichterplan s. Helmut Jürgen Eduard Schneider: Bürgerliche Idylle. Studien zu einer literarischen Gattung des 18. Jahrhunderts am Beispiel von Johann Heinrich Voß. Diss. Bonn 1975, S. 9 ff.. Dort auch das Briefzitat.

Einschläfern der aufgeschreckten Gesezlosigkeit, sie nenne sich Monarch oder Gleichheitsbürger, uns verstatten..."

Wenn das Jakobinismus ist, hat Deutschland an Jakobinern keinen Mangel gelitten – und das hat es laut Jäger auch nicht, denn im Werbetext seiner Monographie *Politische Metaphorik im Jakobinismus und im Vormärz* gibt es sogar schon eine „jakobinische Epoche" in Deutschland mit folgender Worterklärung im Werk selbst, die sich auf Würzers *Revolutions-Katechismus* von 1793 bezieht: „Der Begriff ‚jakobinisch' ist nicht im präzisen Sinn der pariser Montagne genommen oder ihrer direkten deutschen Anhänger, der Clubbisten, sondern bezeichnet die Generation der, ungefähr, zwischen 1745 und 1770 geborenen Progressiven, die ‚den Ursprung aller Souveränität vom Volke herleiten und die Rechtmäßigkeit und Notwendigkeit politischer Reformen behaupten'."[54]

Jäger und Hermand sollten sich bei einer soliden Marxistin orientieren – womit wir wieder bei Hedwig Voegt wären. In der Einleitung ihrer Voß-Ausgabe bemerkt Hedwig Voegt korrekt zu den *Leibeigenen*: „Die Strafandrohung, die der Dichter nunmehr aussprechen läßt, bleibt religiös befangen."[55] Sie versäumt auch nicht, auf *Die Freigelassenen* und *Die Erleichterten* hinzuweisen, mit dem Kommentar: „Die Bauern befreien sich nicht selbst, sie werden befreit."[56] Den „Widerspruch" der oben zitierten Briefstelle – „nämlich den Willen des Volkes einem einzelnen zu

---

[54] H.-W. J.: Politische Metaphorik im Jakobinismus und im Vormärz. 1971, S. 10. Das Voß-Briefzitat s. Johann Heinrich Voß: Briefwechsel. 3 Bde. 1829–32. Bd. 2, S. 313 f.
[55] Hedwig Voegt: Voß. Werke in einem Band, S. XIV.
[56] Ebd., S. XV.

übertragen"–, der sich ja genauso bei Knigge zeigt, erklärt sie aus der „historischen Situation".[57] Fraglich bleibt allerdings im Blick auf diesen Brief („Der Sinn des Liedes geht so wenig auf Demokratie..."), warum sie Voß einen „bürgerliche(n) Demokraten" nennt und ihm bescheinigt, er sei seiner „demokratischen Gesinnung stets treu" geblieben.[58] An anderer Stelle wird die „unbeirrbare demokratische Haltung der Dichter Bürger und Voß" hervorgehoben.[59] Sollte Voegt das Wort Demokrat hier im Sinne der Reaktion der Zeit verwenden als, laut Voß, „ein neues Schimpfwort für den, der nicht alles Hergebrachte für unverbesserlich hält?"[60] Im gleichen Sinne findet es sich bei dem Trivialautor August Gottlieb Meißner: „Er hatte sich schon oft einige Zweifel über die hohe Gerechtigkeit in der Marggräflichen Hauptstadt erlaubt, hatte schon über dieses und ienes Gesez, diese und iene f r e i w i l l i g e Steuer gespöttelt; und würde, wenn er in gegenwärtigen verderbten Zeiten lebte, sicher für das abscheulichste aller Ungeheuer, für einen – Demokraten gegolten haben."[61] Voegt wäre dann in der Übernahme dieser bei Meißner ironisierten Verwendungsweise genauso verfahren wie darin, daß sie, dem Sprachgebrauch der Reaktion folgend, „Die deutsche jakobini-

---

[57] Ebd., S. XXXII.
[58] Hedwig Voegt: Die deutsche jakobinische Literatur und Publizistik 1789–1800. 1955. S. 35.
[59] Ebd., S. 37.
[60] Musen-Almanach, Hrsg. J. H. Voß. 1797, S. 203, zit. bei Voegt, ebd., S. 37.
[61] A. G. M.: Ja wohl hat sie es nicht gethan! [1795]. In: Deutsche Erzähler des 18. Jahrhunderts. Eingel. und hrsg. v. Rudolf Fürst. 1897 (= Deutsche Literaturdenkmale) S. 75.

sche Literatur und Publizistik 1789–1800"[62] monographisch abhandelt, „obgleich es im klassischen Sinne während der Jahre 1793 und 1794 in Deutschland niemals Jakobiner gegeben hatte – der Versuch der Mainzer Jakobiner sei hier ausgenommen..."[63] Voegt schreibt also weithin über etwas, was es gar nicht gibt, und darin ist sie schulebildend geworden.

Neuerdings gibt es sogar schon Blütenlesen jakobinischer Literatur, denen man ausgesprochenen Etikettenschwindel vorwerfen muß. So erscheint Voß, nun als Liberaler, neben Nichtjakobinern wie Pfeffel, F. A. von Brömbsen, Eulogius Schneider u. a., in Hans Werner Engels' Anthologie *Gedichte und Lieder deutscher Jakobiner* mit einer Umdichtung seines „Trinklieds für Freie" aus dem Jahr 1774, die nicht nach einer Werkausgabe zitiert ist, sondern nach einer anonym herausgegebenen Sammlung: *Freiheitsgedichte.* 2 Bde. Paris, auf Kosten der Republik, im Jahre V (1797). Den Nachweis, daß diese Fassung von Voß stammt, sucht man vergebens; auf alle Fälle ist die deutschchristliche, klopstocksche, auch antifranzösische Atmosphäre der Erstfassung säuberlich herausgefiltert, u. a. die auf den Zug der Juden durchs Rote Meer und Luthers Bekenntnislied anspielende Strophe:

> Hinein! das Meer ist uns ein Spott!
> Und singt mit stolzem Klang:
> Ein' feste Burg ist unser Gott!
> Und Klopstocks Schlachtgesang!

Literaturwissenschaft stünde hier, wo die Anthologie aufhört oder besser verschweigt, vor der Frage,

---

[62] Ebd., S. 33, 35, 37 über Voß.
[63] Ebd., S. 18.

wie abstrakt ein Freiheitspathos sein muß, das sich aus der Verherrlichung des Sieges der Deutschen und Engländer über die Franzosen bei Höchstädt in die Verherrlichung des Sieges der Franzosen über die Österreicher bei Jemappes umdichten läßt!

Ein anderes Beispiel: Gerhard Steiners Sammlung *Jakobinerschauspiel und Jakobinertheater*[64] bringt in ihrer vier Dramen umfassenden „Dokumentation" allenfalls zwei, die im weitesten Sinne als Jakobinerdramen gelten können, nämlich: *Der Freiheitsbaum* und *Die Aristokraten in Deutschland.* Sie stehen ungefähr auf dem literarischen Niveau von Goethes *Bürgergeneral.* In *Die Rebellion* (1791) stellt ein aus der Residenz herbeieilender Geheimrat Gerechtigkeit her[65] – keinesfalls ein jakobinisches Motiv, und auch keine „mit den Ideen der Französischen Revolution erfüllte deutsche Dramatik."[66] Der gleiche negative Befund gilt für das ausführlich besprochene, dem Markgrafen Karl Friedrich von Baden gewidmete Stück *Der Zö-*

---

[64] 1973. Die Anthologie von H. W. Engels. 1971; das Voß-Gedicht dort S. 2; die Erstfassung des „Trinklieds" s.: Vor dem Untergang des alten Reichs 1756–1795. Hrsg. von Emil Horner (= Deutsche Lit. in Entwicklungsreihen. Reihe Politische Dichtung. Bd. 1. 1930). S. 56 ff. Voegt nennt eine unveröffentlichte Bearbeitung Voß' aus der Zeit der Französischen Revolution (Voß: Werke, S. 407), die mir nicht zugänglich ist. Es dürfte sich um die bei August Sauer (Der Göttinger Dichterbund. 1. T.: J. H. Voß. = DNL 49. I, S. 237) erwähnte Münchener Handschrift Voß' „Für die Freien am Rhein" handeln. Eine Abschrift aus den Eutiner Papieren „Für die Franken am Rhein" teilt Wilhelm Herbst mit (W. H.: J. H. Voß. 2. Bd., 1. Abt. 1874, S. 298 f.). Sie ist nicht mit der bei Engels abgedruckten identisch.
[65] Laut Steiner S. 10.
[66] Ebd., S. V.

libat ist aufgehoben (1790) und das Trauerspiel *Die Mönche in Niederland* (1791), das im „Vertrauen der Bürger" auf Kaiser Leopold ausklingt.[67] Bei aller bekannten Liberalität Karl Friedrichs von Baden – sollte er, nach der Vossischen Bewerbung, zum zweiten Mal eine Adresse für einen Jakobiner gewesen sein? Und *Der klägliche König* (1792)? Gut, ein Stück mit „antifeudalistischer Tendenz," zielend „auf eine Entheroisierung und Trivialisierung der Gestalten Davids und seiner Höflinge."[68] Aber die Parodie auf alttestamentliche Königsgestalten gibt es schon im *Jahrmarktsfest zu Plundersweilern* des jungen Goethe (1773 entstanden), wo zwei Akte eines parodistischen Ahasverus-Haman-Dramas aufgeführt werden, und antifeudalistische Knittelverse ebenfalls, nämlich im *Ewigen Juden* (1774), wo der wiederkehrende Heiland feststellen muß:

> Verschliesst der Fürst mit seinen Sklaven
> Sich nicht in ienes Marmorhaus
> Und brütet seinen irren Schafen
> Die Wölfe selbst im Busen aus!
>
> Ihm wird zu grillenhaffter Stillung
> Der Menschen Marck herbey gerafft,
> Er speist in eckler Überfüllung
> Von Tausenden die Nahrungskraft.
>
> In meinem Nahmen weiht dem Bauche
> Ein armer seiner Kinder Brodt,
> Mich schmäht auf diesem faulen Schlauche
> Das goldne Zeichen meiner Noth.

Goethe – ein Jakobiner und Republikaner von 1774? Nach Jäger kann das so abwegig nicht sein,

---
[67] Laut Steiner S. 16.
[68] Laut Steiner S. 28.

denn eine von ihm als „jakobinisch" gekennzeichnete politische Metaphorik begegnet auch bei den von Jäger so genannten „Hofräte(n) bzw. -poeten Goethe und Schiller." (Mozarts Musik nennt Jäger „Hofmusik." Hat im Falle von *Figaros Hochzeit* nicht vielleicht der Hof revolutionäre Musik gefördert?) Im sechsten Gesang von *Hermann und Dorothea* jedenfalls schildert der Richter der Flüchtlinge den Beginn der Französischen Revolution:

Als sich der erste Glanz der neuen Sonne heranhob,
Als man hörte vom Rechte der Menschen, das allen
gemein sei,
Von der begeisternden Freiheit und von der
löblichen Gleichheit!

Die Revolution erscheint in den Worten des Richters als ein Pfingstereignis, in dem die „ersten Verkünder der Botschaft" aufstanden – quasi Apostel und Evangelisten der Revolution –, ein Ereignis, in dem „jedem die Zunge gelöst" wurde; „es sprachen die Greise, Männer und Jünglinge laut voll hohen Sinns und Gefühles." „Wuchs nicht jeglichem Menschen der Mut und der Geist und die Sprache?" Über dem Rütli-Bund geht im *Wilhelm Tell* Schillers die Sonne der Freiheit auf, dessen Gedanken einer ästhetischen Erziehung Jäger eine „kuriose Antwort auf die politische Forderung der Terreurzeit" nennt. Ich finde diese Einwortcharakteristik kurios. Von welchem unerschütterlichen Sockel objektiver Einsicht herab urteilt Herr Jäger eigentlich?[69]

---

[69] s. Jäger: Politische Metaphorik, S. 10, 76, 77. Zu Schiller vgl. Gerhard Kaiser: Idylle und Revolution. Schillers „Wilhelm Tell". In: Deutsche Literatur und Französische Revolution. 1974, S. 87–128. (= Kleine Vandenhoeck-Reihe 1395)

Übrigens ist Steiners Sammlung *Jakobinerschauspiel und Jakobinertheater* im Rahmen der von Walter Grab herausgegebenen Reihe *Deutsche revolutionäre Demokraten* erschienen, zu der Grab selbst ein grundsätzliches Vorwort „Die deutschen Jakobiner" beigesteuert hat. Dort werden solche deutschen Publizisten jakobinisch genannt, die für Gleichheit und Freiheit aller Bürger, unabhängig von deren Herkunft, Besitz und sozialer Stellung, in einem republikanischen Staatswesen eintreten und die das Volk zum Umsturz der bestehenden Sozialordnung aufrufen.[70] „... Die ja-

---

[70] s. Alfred Körner: Die Wiener Jakobiner. 1972. Vorwort Grab, S. VII; vgl. a.: Jakobinische Flugschriften aus dem deutschen Süden Ende des 18. Jahrhunderts, eingeleitet u. hrsg. von Heinrich Scheel (= Deutsche Akademie der Wissenschaften zu Berlin. Schriften d. Instituts für Geschichte. 1965). S. 3: „Wenn den vorliegenden Dokumenten zusammenfassend das ehrende Attribut ‚jakobinisch' zuerkannt wird, so bedeutet das selbstverständlich [sic!] weder eine Gleichsetzung mit dem französischen Jakobinismus ..., noch die Übernahme des von der zeitgenössischen deutschen Reaktion gebrauchten Sammelbegriffes, mit dem sie jede, auch die gemäßigtste Kritik an den bestehenden Zuständen verlästerte. Das entscheidende Kriterium des Jakobinismus ist sein Demokratismus ..." Das ist nun wenigstens klar; man fragt sich nur, warum so klar eine Begriffsverwirrung hergestellt werden muß, denn nach dieser Bestimmung könnte ein französischer Girondist ein deutscher Jakobiner sein, und schließlich wird auch noch bis zum Windelweichen abgeschwächt: „Unter den sozialen und politischen Bedingungen Süddeutschlands im gegebenen Zeitraum lief jede demokratische Regung, auch wenn sie sich dessen nicht bewußt war, auf eine revolutionär-demokratische Lösung hinaus." (ebd., S. 3 f.). Jetzt weiß man doch, wofür der Marxismus neuerdings die Psychoanalyse braucht: um unbewußte demokratische Regungen festzustellen! Scheels Bestimmung übersieht, daß es im 18. Jahrhundert erbitterte Gegner des

kobinischen Publizisten verzichteten darauf, sich weiterhin an die F ü r s t e n mit Bitten um R e f o r m e n zu wenden; sie sagten sich von der Ideologie einer evolutionären Umwandlung des Privilegiensystems in die bürgerliche Ordnung los und richteten ihre Appelle ans V o l k mit der Aufforderung zum gewaltsamen U m s t u r z."[71] Also sind nach Grabs eigener Begriffsbestimmung die meisten im Band *Jakobinerschauspiel* beigezogenen Stücke keine Jakobinerdramen. Müßig zu fragen, mit welchem Recht der Historiker Grab dann Knigges *Wurmbrand* und *Schaafskopf,* ja sogar Hermands Sammlung *Von deutscher Republik* kurzerhand als jakobinische Quellenschriften zitiert.[72] Man sollte frei nach Knigge ein Buch über den Umgang mit Republikanern, Jakobinern und Zitaten schreiben. Wie sagte der sächsische König Friedrich August III., als ihm nach seiner Abdankung in der Revolution von 1918 die Leute auf der Bahnstation eine Ovation be-

---

Jakobinismus nicht nur, sondern sogar der Französischen Revolution gibt, die trotzdem demokratische Regungen haben. So der bereits genannte Wilhelm Heinse, der in seinem Nachlaß-Aufsatz „Über einige Grundsätze der französischen Drakonen" vom Januar 1794 die Demokratie „die edelste aller Staatsverfassungen" nennt, im übernächsten Absatz jedoch fortfährt: „Was Natur und Zeit aber nicht zum Modell für einen Herkules, eine Hebe gebildet hat, wird durch keine rothe Kappe, dreyfarbige Kokarde, durch keine Schminke und Schnürbrust (Guillotine und Rechte der Menschheit) erkünstelt. Übrigens wirkt sie unaufhaltbar und nach ewigen Gesetzen; was werden muß, wird werden." (W. H.: Sämmtliche Werke, hrsg. von Carl Schüddekopf. Bd. 3. 1906, S. 598). Nach der Definition von Scheel ist dieser Mann ein deutscher Jakobiner.
[71] Grab. In: A. Körner: Die Wiener Jakobiner, S. XX f.
[72] Ebd., S. X.

reiteten? „Ihr seid mer scheene Rebubliganer!" Und auch an Lichtenberg könnte man denken: „Er las immer ‚Agamemnon' statt ‚Angenommen' so sehr hatte er den Homer gelesen."

„Der profane Text eines profanen Autors"
oder „Rückübersetzung des Materialismus
in Theologie?"

Rolf Tiedemann zu Walter Benjamins Thesen
„Über den Begriff der Geschichte".

In dem jüngst erschienenen Materialienband zu Walter Benjamins Thesen „Über den Begriff der Geschichte"[1] hat sich Rolf Tiedemann besonders ausführlich und eindringlich auf die Frage „Historischer Materialismus oder politischer Messianismus?" eingelassen. Seine Ausführungen bleiben aber zwiespältig. Das beginnt im Verständnis seines Verhältnisses zu Benjamins Text. Er versteht es als „Kritik, die an den Sach- und Wahrheitsgehalten, nicht vorab an politischen Verwertungsprozessen interessiert ist" (81).[2] Solcher Kritik steht es wohl an, die Ergebnisse anderer Kritiker in Frage zu stellen und zu widerlegen; wenn sie

---

[1] Materialien zu Benjamins Thesen „Über den Begriff der Geschichte". Beiträge und Interpretationen. Hrsg. Peter Bulthaup. 1975 (suhrkamp taschenbuch wissenschaft). Der Titel „Über den Begriff der Geschichte" ist in der Ausgabe W. B.: Gesammelte Schriften, Unter Mitwirkung von Th. W. Adorno und Gershom Scholem hrsg. von Rolf Tiedemann und Hermann Schweppenhäuser. 1974 ff., an die Stelle des eingebürgerten, aber nicht von Benjamin stammenden Titels „Geschichtsphilosophische Thesen" getreten.

[2] Hier und später bezeichnen Zahlen, die in Klammern gesetzt sind, Seitenzahlen von Tiedemanns Beitrag in dem Band „Materialien zu Benjamins Thesen".

aber den Andersdenkenden unter „Benjamins und unsere Feinde" einreiht (80) oder ihn als „konservativen Germanisten" abtut (78), vollzieht sie geradezu einen Kopfsprung in die Prozesse, von denen sie sich eben noch vornehm abwandte. Konservatismus ist eine politische Kategorie, kein Kriterium für die Richtigkeit oder Falschheit wissenschaftlicher Meinungen. Auch Feinde gibt es allenfalls, bei schlechtem Stil, im politischen Feld, nicht aber in dem der Erkenntnis, ganz abgesehen davon, daß ein nun wirklich Adenauerscher Alleinvertretungsanspruch in der durch Zitatklitterung aus Jürgen Habermas gewonnenen Formulierung „Benjamins und unsere Feinde" steckt.

Bei der emotionalen Aufladung von Tiedemanns Kritik, die sich wiederholt meiner Interpretation der „Thesen" zuwendet[3], ist verwunderlich, wie weit Übereinstimmung oder doch Nähe der Ergebnisse zueinander besteht. Nämlich: 1. Darüber, daß Benjamin in den „Thesen" einen freilich verzweifelten Schritt unternimmt, „... die Theorie einer anderen Praxis zu entwickeln, welche auch unter veränderten geschichtlichen Voraussetzungen eine Chance besäße, ... den Klassenkampf zu gewinnen." (99) 2. Über die implizite Marx-Kritik der Thesen (119) und Benjamins Bewußtsein davon, daß ihr Geschichtsbegriff „im Ent-

---

[3] Gerhard Kaiser: Walter Benjamins „Geschichtsphilosophische Thesen". Zur Kontroverse der Benjamin-Interpreten. Erstdruck in: Deutsche Vierteljahrsschrift für Literaturwissenschaft und Geistesgeschichte. Jg. 46. 1972. S. 577–625. Erheblich veränderte Neufassung in: G. K.: Antithesen. Zwischenbilanz eines Germanisten 1970–1972. Frankfurt 1973, und in: G. K.: Benjamin. Adorno. Zwei Studien. Frankfurt 1974 (= Fischer Athenäum Taschenbuch). Kurzfassung in: Materialien zu Benjamins Thesen, S. 43–76.

scheidenden von diesem (Marx) differiert." (107) 3. Über „die absolute – keine bestimmte – Negation des Fortschritts" (108). 4. Darüber, daß das Proletariat „als Siegelbewahrerin einer unaufhaltsam fortschreitenden Entwicklung" für Benjamin „diskreditiert ist" (106). 5. Über Benjamins „Sprung aus dem historischen Materialismus heraus in ... politischen Messianismus" (110), der „das Andere zur Geschichte" meint: „... nicht nur das Ende der Klassenkämpfe, sondern das von Geschichte selber: s o hatte Marx sich den Abschluß der Vorgeschichte der menschlichen Gesellschaft nicht gedacht. Und d i e Revolution, die diesen Ausnahmezustand herbeiführte, wäre ebensowenig die von Marx erhoffte des Proletariats, sondern apokalyptische Zerstörung, eschatologisches Ende." (108)

Aber bei Tiedemann weiß die Linke offenbar nicht, was die Rechte tut. Einerseits kommt er zu der Selbstrevision, daß sich seine frühere Einschätzung des materalistischen Charakters der „Thesen" so nicht aufrechterhalten läßt (118) – vielleicht ein Erfolg der ungeliebten Diskussionspartner – und daß der historische Materialist der „Thesen" „wohl doch keiner ist" (108); andererseits versucht Tiedemann angestrengt, die materialistische Intention der Thesen (90) sicherzustellen mit dem Argument, der historische Materialist sei es, der bei Benjamin die schwache messianische Kraft des Menschen ins Werk zu setzen berufen ist und der die revolutionäre Chance im Kampf für die unterdrückte Vergangenheit wahrnimmt (90, 92). Richtig, aber eben ein historischer Materialist, der, auch laut Tiedemanns Einsicht, keiner ist. Tiedemann vollzieht hier einen Zirkelschluß, der alle Voraussetzungen hat, sich selbst zu durchschauen. Gegen Schluß seiner Ausführungen kritisiert Tiedemann am Engel der IX. These seine gänzliche Unfähigkeit, „der Zukunft sich zuzuwenden, gar an der Herstellung des ‚wahren Reiches der Freiheit' mitzuwirken" (108); in seiner früheren Interpretation der IX. These versteht er den gleichen Sachverhalt noch als Entsprechung zu „Marxens Weigerung, die kommunistische Gesellschaft im einzelnen auszumalen" (84). Am Ende sieht Tiedemann in Benjamins „politischem Messianimus" „Bestandstücke des utopischen Sozialismus mit solchen des Blanquismus" „trüb gemischt" (109), die „Thesen" als „Dokument des objektiven Zerfalls" der marxistischen Theorie um 1940 (111); am Anfang konstatiert er: „Mit dem theologischen Begriff der Erlösung greift Benjamin zwar hinter Marx zurück, der nur dessen säkularisierte Gestalt – die Befreiung – kannte, aber er fällt nicht hinter ihn zurück." (90) „Keinen Augenblick denkt Benjamin daran, das theoretisch von Marx endlich Erreichte und praktisch in der Arbeiterbewegung Aufgehobene einer Repristination zu unterwerfen." (95) Mir hält Tiedemann entgegen, Benjamins „Thesen" seien „der profane Text eines profanen Autors" (86), und er selbst spricht von „Rückübersetzung des Marxismus in Theologie" (110).

Wie schwer es Tiedemann mit Benjamins Verhältnis zum Marxismus hat, sieht man an seinem langwierigen, windungs- und vorbehaltsreichen Versuch, Benjamins Begriff einer Konstruktion von Geschichte als „mit Marxens eigenem Verhalten keineswegs unvereinbar" zu erweisen (91) – mit dem Argument, Marx habe zum ersten Kapitel des „Kapitals" „gleichsam entschuldigend" vorgebracht, es sehe so aus, „als habe man es mit einer Konstruktion a priori zu tun" (91), und bei Marx habe sich nach 1848 immer deutlicher

„die Konstruktion des Geschichtsgangs als eines naturgeschichtlichen" abgezeichnet (106). Aber in dieser Formulierung Tiedemanns ist ja das Dilemma des Marxismus und die unüberbrückbare Distanz Benjamins zu Marx geradezu klassisch benannt: Benjamin legt seiner Geschichtsschreibung methodisch bewußt das Prinzip der Konstruktion zugrunde (es entspricht dem, was Tiedemann als „aktionistische Naivität" an Benjamin kritisiert [107]). Marx entschuldigt sich für den S c h e i n von Konstruktion, denn er konstruiert methodisch unbewußt einen Geschichtsverlauf, den er für naturgeschichtlich hält und dessen Naturgesetze er bloß von der Wirklichkeit abzulesen meint. Bei all solchen Widersprüchen und Verwerfungen in Tiedemanns Gedankenführung könnte man den Eindruck gewinnen, durch ein Versehen des Setzers seien zwei Abhandlungen kontroverser Autoren zu e i n e m Artikel zusammengedruckt worden, vollzöge Tiedemann nicht eine letztmalige Wendung, in der er nun doch noch den ganzen Benjamin zusamt der Theologie in den historischen Materialismus heimzuholen sucht – eine Heimholung allerdings, bei der man an die Worte von Mephistos Pfaffen zu denken geneigt ist:

„Die Kirche hat einen guten Magen,
Hat ganze Länder aufgefressen,
Und doch noch nie sich übergessen;
Die Kirch' allein, meine lieben Frauen,
Kann ungerechtes Gut verdauen."
(Vers 2836 ff.)

Geht man, um Boden für eine Auseinandersetzung zu gewinnen, von den eingangs skizzierten Übereinstimmungen bzw. Annäherungen zwischen Tiedemann und mir aus, bleibt nur e i n Differenzpunkt, aber ein

entscheidender: Was sind die „theologischen Momente"
von Benjamins Denken (89) und welchen Stellenwert
haben sie in ihm? Es überrascht nach Tiedemanns massiver Rede von politischem Messianismus und Rückübersetzung des Marxismus in Theologie, wenn er diese
Rückübersetzung an anderer Stelle aufs Metaphorische
reduziert: „Wo in Benjamins geschichtsphilosophischen
Thesen die Sprache erneut den theologischen Ursprung
Marxscher Begriffe beschwört, wird gleichwohl stets
der säkularisierte Gehalt dieser Begriffe festgehalten.
Der Messias, die Erlösung, der Engel und der Antichrist – als Bilder, Analogien und Gleichnisse begegnen sie in den Thesen, nicht buchstäblich." (95) Aber
wenn es bei Benjamin, wie bei Marx, nur um B e -
g r i f f e theologischen Ursprungs, B i l d e r , A n a -
l o g i e n und G l e i c h n i s s e geht – ist dann Benjamin nicht genauso sehr und genauso wenig politischer Messianist wie Marx? Dabei bezeichnet Tiedemann andernorts exakt den radikalen Widerspruch
Benjamins zu Marx, der in Benjamins Begriff der Erlösung steckt: Er ist das Aufbegehren gegen Marx'
Satz im „18. Brumaire" – „eine der wenigen Schriften von Marx übrigens, die Benjamin kannte" –: „Die
Revolution des 19. Jahrhunderts muß die Toten ihre
Toten begraben lassen, um bei ihrem eigenen Inhalt
anzukommen." (89) Ein Marxsches Christuszitat, aber
keines, das sich auf Erlösung bezieht.[4] Befreiung meint

---

[4] Wie weit sich die „Thesen" überhaupt als Einspruch gegen
den „18. Brumaire" lesen lassen, zeigt Marx' Eingangsüberlegung. Benjamin will Geschichte und Gegenwart in
Jetztzeit in ein produktives, revolutionäres Verhältnis
setzen, Marx schreibt: „Die Tradition aller toten Geschlechter lastet wie ein Alp auf dem Gehirne der Lebenden. Und wenn sie eben damit beschäftigt scheinen, sich

nur die Lebenden, Erlösung meint die Lebenden und die Toten. Es ist ebenso sachlich sinnlos wie historisch unsinnig, ein Mißbrauch des Begriffs Säkularisierung, wie er nach Hans Blumenbergs Monographie über „Die Legitimität der Neuzeit"[5] nicht mehr möglich sein sollte, wenn Tiedemann „Befreiung" die „säkularisierte Gestalt" des theologischen Begriffs der Erlösung nennt – woher hätten dann z. B. die griechische und römische Antike einen Begriff von Freiheit gehabt? Benjamin hat gegen Marx die Erlösung der Lebenden und der Toten gewollt, er hat, wie zuletzt

---

und die Dinge umzuwälzen, noch nicht Dagewesenes zu schaffen, gerade in solchen Epochen revolutionärer Krise beschwören sie ängstlich die Geister der Vergangenheit zu ihrem Dienste herauf, entlehnen ihnen Namen, Schlachtparole, Kostüm, um in dieser altehrwürdigen Verkleidung und mit dieser erborgten Sprache die neue Weltgeschichtsszene aufzuführen." Benjamin versteht den Rückbezug der Französischen Revolution auf die römische Antike als Beispiel für den revolutionären Tigersprung ins Vergangene, Marx interpretiert diesen Rückgriff, wie nach ihm Adorno (Zum Klassizismus von Goethes Iphigenie. In: Th. W. A.: Noten zur Literatur IV. Hrsg. Rolf Tiedemann. Frankfurt 1974. S. 7–33, dort S. 19 f.), ideologiekritisch: „... ihre Gladiatoren fanden in den klassisch strengen Überlieferungen der römischen Republik die Ideale und die Kunstformen, die Selbsttäuschungen, deren sie bedurften, um den bürgerlich beschränkten Inhalt ihrer Kämpfe sich selbst zu verbergen und ihre Leidenschaft auf der Höhe der großen geschichtlichen Tragödie zu halten. So hatten auf einer anderen Entwicklungsstufe, ein Jahrhundert früher, Cromwell und das englische Volk dem Alten Testament Sprache, Leidenschaften und Illusionen für ihre bürgerliche Revolution entlehnt." Karl Marx: Werke. Schriften. Hrsg. Hans-Joachim Lieber. 6 Bde. Darmstadt 1971². Bd. III, 1, S. 268–387, dort S. 271, 272.
[5] Frankfurt 1966. (= Wissenschaftliche Sonderausgabe).

Peter Bulthaup völlig richtig feststellt[6], „gegen alle vernünftige Einrede an der Idee fest(ge)halten, auch die Toten seien zu retten" – auch gegen die Einrede Horkheimers, das vergangene Unrecht sei geschehen und abgeschlossen, die Benjamin schweigend überging (87 ff.). Weil Benjamin diesen Anspruch erhebt, braucht er einen wirklichen Messias; weil Tiedemann diesen Anspruch zum „bloßen Wunsch" verharmlost, der als Wunsch festgehalten werden müsse (94; warum eigentlich?), kann ihm der Messias zur Metapher verblassen für „das Proletariat und seine Wissenschaft, de(n) historische(n) Materialismus – anders ergibt es keinen Sinn" (94). Aber daß es für Tiedemann anders keinen Sinn ergibt, ist doch kein Argument dafür, daß es nicht anders gemeint sein könnte. Es ist vielmehr eine bloße petitio principii. Und gibt es denn wirklich einen Sinn, wenn mit dem Messias hier dasselbe Proletariat gemeint sein sollte, das für Benjamin, wieder laut Tiedemann, „als Siegelbewahrerin einer unaufhaltsam fortschreitenden Entwicklung ... diskreditiert" ist (106)?

Was hat Tiedemann weiter für seine Behauptung vorzubringen, Benjamins Messias sei nur ein Gleichnis? Daß nicht der Messias, sondern der historische Materialist die revolutionäre Chance in der messianischen Stillstellung des Geschehens ergreift (92), ist ebensowenig ein Argument für den bloß metaphorischen Charakter der Benjaminschen Vorstellung vom Messias wie daß den Menschen eine s c h w a c h e

---

[6] Peter Bulthaup: Parusie. Zur Geschichtstheorie W. B.s. In: „Materialien zu B.s Thesen". S. 122–148, dort S. 138. Unverständlich dann allerdings, wieso auch Bulthaup lediglich vom „Rückgriff Benjamins auf theologische Termini" spricht (145).

messianische Kraft mitgegeben ist (90). Auch daß Benjamin die sogenannte These B, in der zum zweiten Mal der Begriff des Messias substantivisch gebraucht wird, in den letzten beiden Redaktionen der „Thesen" ausgelassen hat – was man vor Erscheinen der neuen Ausgabe nicht wissen konnte – hilft nicht weiter. Mit den ersten beiden Argumenten rennt Tiedemann offene Türen ein. Im Zentrum meiner Auslegung der „Thesen" steht der Versuch nachzuweisen, daß das Ergreifen der revolutionären Chance im Klassenkampf durch die unterdrückte Klasse bei währender Geschichte nicht die Bedingung, aber die Voraussetzung für das Erscheinen des Messias und das Ende der Geschichte ist. Den Menschen ist eine s c h w a c h e messianische Kraft verliehen, die sie in der Geschichte betätigen können. Welchen Sinn hätte es, daß Benjamin diese Einschränkung im Text sperrt, wäre die schwache Kraft nicht abzuheben von einer starken, wäre diese schwache Kraft nicht Abglanz und – qualitativ freilich unterschiedene – Vorform der starken messianischen Kraft des Messias? So ist auch die messianische Stillstellung des Geschehens, die der historische Materialist erkennt und herstellt, Abglanz und Vorform des messianischen Endes der Geschichte. An dieser und an anderen Stellen des Textes sind die Vorstellungen des Messias und des Messianischen so fest im Text verankert, daß es der zweiten substantivischen Verwendung des Begriffs in der These B nicht bedarf. Immerhin ist es ein methodisch zweifelhaftes Verfahren, in d i e s e m Zusammenhang auf die Beiziehung einer Textvariante ausdrücklich zu verzichten (117), während Tiedemann an anderer Stelle, wo es ihm besser ins Konzept paßt, Vorstudien als „Schlüssel" zur „Entschlüsselung der Thesen" nicht verachtet

(119), ja extensiv heranzieht. Übrigens steht ja gar nicht fest, ob die beiden letzten Redaktionen, in denen die Thesen A und B fehlen, als Schlußredaktionen gemeint waren.

Wenn Tiedemann schon so willkürlich mit seinem Freund Benjamin umgeht, versteht es sich beinahe von selbst, daß er mit dem vermeintlich gemeinsamen Feind nicht eben zimperlich umspringt. So nennt er es ein „groteskes Mißverständnis" (117), daß ich aufgrund der Druckanordnung der bisher vorliegenden Ausgaben die Thesen A und B als Teile der These XVIII nahm. Jeder unvoreingenommene Leser wird aber feststellen können, daß bei der Diskontinuität und Punktualität der Benjaminschen Argumentationsweise, die ein Stilprinzip der „Thesen" ist, dieses Mißverständnis sich nicht „durch Rücksicht auf den S i n n des Benjaminschen Textes ... unschwer hätte vermeiden lassen" (117). Schön wäre es, wenn dieser Sinn so leicht erkannt werden könnte, dann hätte es der Mühsal der vielen Auslegungen gar nicht bedurft! Im übrigen suggeriert Tiedemann mit diesem Paukenschlag der Formulierung ein Gewicht der Frage für die Interpretation, das keineswegs vorhanden ist.

Tiedemanns Zurückweisung meiner Interpretation der ersten These ist apodiktisch (96), aber sie bringt keine überzeugende Alternative hervor. Tiedemann hält an der Dienstbarkeit der Theologie gegenüber der Puppe, die man historischen Materialismus nennt, fest, begründet sie aber in einer Weise, die sich gegen ihn selbst kehrt. Sie soll nämlich darin bestehen, daß die Theologie als „Experte" für die Puppe „sozusagen das Denken zu besorgen hat" (97). Aber wenn die Theologie für den historischen Materialismus das Denken besorgt, was denkt der historische Materialismus dann eigentlich und wer denkt ihn? Tiedemanns Vorschlag, die Herabsetzung des Lebendigen, nämlich der Theologie, „zum bloßen Objekt der Herrschaft" in diesem Bild als Anspielung „auf die Marxsche Bestimmung der ausgebildeten kapitalistischen Produktionsweise als ubiquitärer Verdinglichung" (97) zu verstehen, kann ich nur absurd finden. Vertritt dann in dieser Anspielung der historische Materalismus die Stelle des kapitalistischen Arbeitgebers für den ausgebeuteten Proletarier Theologie? Daß schließlich historischer Materialismus und Theologie als Verbündete gedacht sein sollen (97), widerspricht ebenso Tiedemanns vorhergehender Argumentation wie dem Text. Lebewesen und Apparat, Herr und Knecht, Ausbeuter und Ausgebeuteter können nicht Verbündete sein. Am Ende vieler Windungen kommt Tiedemann fast am selben Ort heraus wie ich: „Der in allen weiteren Thesen ohne Anführungszeichen beschworene historische Materialismus wäre dann allerdings nicht identisch mit dem in der ersten gemeinten." (99) Daß dieser Ausgang fast der gleiche ist wie der meiner Interpretation, wird durch eine winzige Verschiebung im Zitieren verdeckt. Ich habe nicht, wie Tiedemann paraphrasiert, geschrieben, die Theologie, die als Ingenium den Apparat des historischen Materialismus in Bewegung setzt, sei der historische Materialismus, von dem in den folgenden Thesen die Rede ist (96), sondern d i e s e, nämlich Benjamins, Theologie sei mit dem, was er im folgenden historischer Materialismus nennt, identisch. Denn man kann nicht davon sprechen, daß Benjamin in den „Thesen" seine Geschichtsschreibung der materialistischen Geschichtsschreibung „subsumiere" (90); er identifiziert sie vielmehr mit ihr.

Am schärfsten geht Tiedemann gegen meine Interpretation der IX. These an. Wenn ich gegen Schweppenhäuser einwende, „daß der Engel nicht zurückgeht, sondern getrieben wird", wirft mir Tiedemann Kaprizierung aufs isolierte Wort ohne Rücksicht auf Sinn und Kontext vor (84). Dabei heißt es doch im Kontext ausdrücklich, der Engel möchte verweilen, kann es aber nicht! Wenn ich meine, der Historiker beziehe sich ironisch dem „wir" der Aussage im letzten Satz der IX. These ein, verschiebt das Tiedemann dahin, „jene Wahrnehmungen, die ‚wir' machen", würden von mir „zu Unrecht dem Historiker zugeschrieben, den es in den Benjaminschen Thesen nicht gibt" (85). Aber natürlich gibt es ihn, z. B. ausdrücklich in der IV. und im eingeklammerten Zusatz der V. These, und natürlich ist dieser von mir zitierte, mit dem historischen Materialisten der „Thesen" identische Historiker derjenige, der in den „Thesen" spricht oder schreibt, eine Objektivation des Autors Benjamin. Aus der Perspektive dieses Historikers sind die Thesen und damit auch das Bild vom Engel entworfen – ein Bild, das an Klees Aquarell anknüpft, aber über es hinausgeht. Es zeigt Unverständnis für Textstrukturen, wenn Tiedemann mir vorwirft, es gebe im Text keinen Beleg für diese meine Auffassung (85). Es gibt keinen Beleg i m Text dafür, daß der Historiker spricht, weil das V o r h a n d e n s e i n dieses Textes, in dem einer „wir" und „uns" sagt sowie Vermutungen und Behauptungen äußert, der Beleg ist. Diesem Historiker ist der Engel eine Botschaft, auch wenn er keine Botschaft ausspricht und von keiner Botschaft weiß. Daß der Historiker ihn als Engel identifizieren kann, den ein vom Paradies kommender Sturm vor sich herweht, setzt voraus: er hat den Engel als Botschaft entziffert, die schon darin besteht, daß er ein Engel in einer wie auch immer gearteten Beziehung zu einem Paradies ist. Der Historiker kann diese Botschaft weitergeben.

Wenn Tiedemann die Botschaft, die ich im Engel verkörpert sehe, als „universales Heilsbewußtsein" referiert (85 f.), ist das Zitatfälschung durch Auslassung. Es heißt bei mir: „sein hoffnungsloses Unheilsbewußtsein ist ... universales Heilsbewußtsein in Negativform, objektive Heilspräsenz in Form des nicht erfüllten, aber auch nicht zu beschwichtigenden Anspruchs."[7] Es ist genau der Anspruch, den Benjamin gegenüber Horkheimer und Marx, aber auch gegenüber der Sozialdemokratie und Hegel festhält. Gewiß ein Ärgernis, aber nicht eines, das i c h biete und das auch ganz unabhängig davon ist, ob der Engel nur „Teil eines Bildes" ist (86). Es geht mir keinesfalls, wie Tiedemann zu meinen scheint, um die Leibhaftigkeit oder Nichtleibhaftigkeit des Engels (86), sondern um seine Bedeutung. Daß der Engel nicht für die Wirklichkeit des Messias steht, versteht sich von selbst

---

[7] Materialien zu Benjamins Thesen, S. 55. Mit welcher Sorgfalt Tiedemann liest und zitiert, sieht man an seiner Wiedergabe meiner These: Der Engel „... wird dann sehr schnell zum ‚universalen Heilsbewußtsein', zur ‚objektiven Heilspräsenz'; erscheint als ‚messianische Kraft und Hoffnung' und promoviert zum Garanten des ‚Reichs Gottes'" (85 f.). Bei mir ist aber nicht der Engel, sondern sein B e w u ß t s e i n Heilsbewußtsein in Negativform; meine Formulierung von messianischer Kraft und Hoffnung charakterisiert gar nicht den Engel. Und Tiedemanns Behauptung, die meisten dieser Vokabeln fänden sich weder anderswo in den „Geschichtsphilosophischen Thesen" noch irgendwo bei Benjamin? Reich Gottes: Motto der IV. These und „Theologisch-politisches Fragment". Messianische Kraft: II. These. Messianische Hoffnung: sinngemäß VI. These und eingeklammerter Satz der V. These.

(86) – nirgends ist es behauptet worden. Er steht aber gewiß auch nicht, wie Tiedemann will, für den historischen Materialisten, denn er, der vom Engel spricht, besitzt ja gerade, im Gegensatz zum Engel, eine wenn auch nur schwache messianische Kraft. Er bringt der Vergangenheit mit fliegenden Pulsen die frohe Botschaft, die er – in Negativform, als verkörperten Anspruch – von der Erscheinung des Engels abliest, er facht der Vergangenheit den Funken der Hoffnung an, den der Engel nicht hat, aber der er ist.[8] Genau das tut auch der Historiker Benjamin. Insofern sind seine „Thesen" in der Tat nicht einfach der profane Text eines profanen Autors, sondern, wie ich in meiner Interpretation gesagt habe, ein messianisches Ereignis, das Zeugnis einer schwachen messianischen Kraft. Ich habe bei dieser Charakterisierung nicht, wie Tiedemann mir ironisch vorwirft, kurioserweise die Landkarte mit dem Land verwechselt (116), sondern Tiedemann ist das Kuriose passiert: er hat nicht erkannt, daß die Landkarte auf ein Land verweist.

---

[8] Bei Tiedemann tritt der Historiker als Engel der Geschichte auf; für Pierre Missac „nimmt der Engel der Geschichte seine Entzweiung auf sich und wird materialistischer Historiker" (P. M., Es sind Thesen! Sind es Thesen? In: Materialien zu Benjamins Thesen, S. 318–336, dort S. 326), aber da er ohnehin das Denken Benjamins vor der Buchstabentreue der Ausleger schützen möchte (ebd. S. 334), ist ein Gespräch mit ihm wohl kaum möglich. Mit seiner Behauptung, die „Thesen" seien „eine Bibel, die für alle Auslegungen offen ist" (ebd. S. 333), steht er, freilich mit entgegengesetzter Motivierung, in der Nähe von Heinz-Dieter Kittsteiner, der, aus Einsicht in die Überholtheit Benjamins, diesen und die eigene frühere Auslegung der Thesen ohne Bedauern den „Historisten", nämlich mir, preisgibt (H.-D. K., Die ‚Geschichtsphiloso-

Bleibt am Ende die Frage, ob bei Benjamin wirklich, wie Tiedemann sagt, „der säkularisierte Gehalt sich auflöst und die theologische Idee sich verflüchtigt" (110). Ich möchte demgegenüber an meiner Meinung festhalten, daß im wesentlichen bei Benjamin keine Säkularisierungen stattfinden. Zwar spricht er in einer seiner Notizen zu den „Thesen", die mir bei der Veröffentlichung meiner Interpretation noch nicht zugänglich waren, von der Arbeiterklasse als Erlöserin[9], also in Säkularisierung des Begriffs, und sagt in einer anderen Aufzeichnung zu den Thesen: „Marx hat in der Vorstellung der klassenlosen Gesellschaft die Vorstellung der messianischen Zeit säkularisiert. Und das war gut so."[10] Die Rede von der Arbeiterklasse als Erlöserin antwortet aber lediglich polemisch auf die in der VII. These verurteilte Vorstellung der Sozialdemokratie von der Arbeiterschaft als Erlöserin künftiger Generationen: „Entscheidend muß sich ihre erlösende Kraft vielmehr an den vor ihr gewesenen Generationen bewähren." Das fundamentum in re der Redeweise liegt in Benjamins Annahme einer s c h w a c h e n messianischen Kraft des Menschen. Auch die Bejahung der bei Marx laut Benjamin vollzogenen Säkularisierung der messianischen Zeit in der Vorstellung der klassenlosen Gesellschaft ist aus einem polemischen Zusammenhang heraus zu verstehen: Benja-

---

phischen Thesen'. Neuabdruck in: Materialien zu Benjamins Thesen, S. 28–42, dort S. 40). Für Kittsteiner ist der Sachverhalt, daß inzwischen auch die Germanisten mit ihrer Insistenz auf den Text bei Benjamin angekommen sind, der Gradmesser seiner Überholtheit. „Anstatt weiterhin nach einem marxistischen Benjamin zu fahnden, begannen wir Marx zu lesen." (ebd. S. 40).

[9] W. B.: Gesammelte Schriften Bd. I, 3, S. 1246.
[10] Ebd., S. 1231.

min nennt die Vorstellung der klassenlosen Gesellschaft bei Marx eine Säkularisierung der messianischen Zeit im Hinblick auf die Erhebung dieser Vorstellung in der Sozialdemokratie zum Ideal im Sinne des Neukantianismus: „als eine unendliche Aufgabe". Benjamin spielt hier das revolutionäre gegen das evolutionäre, das qualitative gegen das quantitative Moment aus. Kein Zweifel, daß er sich in diesem Punkt näher bei Marx weiß als bei der Sozialdemokratie. Gerade der Blick auf Marx bestätigt aber noch einmal, daß Tiedemann mit der Behauptung unrecht hat, Benjamin habe stets den säkularisierten Gehalt Marxscher Begriffe theologischen Ursprungs festgehalten (95). Marx säkularisiert in erster Linie religiöse Oberflächenstrukturen, nimmt Bilder, Begriffe, Stilmittel in Dienst. Daß „die entscheidenden Lehren von Marx", wie Tiedemann will, „geistesgeschichtlich durchaus als Säkularisate ursprünglich religiöser Gehalte sich begreifen" lassen (94 f.), halte ich auch dann für falsch, wenn die These, die „nach 1945 in der Marxismus-Diskussion auf evangelischen und anderen Akademien zu Ehren gelangte und antikommunistische Funktionen zu erfüllen hatte" (94), bei Tiedemann nun prokommunistisch umfunktioniert wird. Die bei Hegel und Marx ins Dialektische gewendete Fortschrittsidee ist im Ursprung weder christlich noch jüdisch; ebensowenig ist es die Überantwortung der Geschichte in die volle Autonomie des Menschen, wie sie sich bei Marx findet.[11] Das Auszeichnende sowohl der Hegel-

---

[11] Zur Frage von Säkularisaten in der Geschichtsphilosophie vgl. Hans Blumenberg: Die Legitimität der Neuzeit. Erster Teil: Säkularisierung – Kritik einer Kategorie des geschichtlichen Unrechts. Frankfurt 1966. Speziell zu Marx ebd. S. 57 f.

schen wie der Marxschen Vorstellung einer Vollendung der Geschichte – daß die Geschichte prozessual dialektisch an ein i n ihr angelegtes Ziel kommt, unterscheidet ihr Denken fundamental vom Schema der Heilsgeschichte, das Benjamin „das konstruktive Prinzip der Universalgeschichte" nennt.[12] Denn die Eschatologie als das letzte Kapitel der Heilsgeschichte meint Ende, nicht Ziel, Diskontinuität, nicht Kontinuität, einen Sieg des von außen in die Geschichte einbrechenden Messias, der sich in Niederlagen bei steigender Macht des Antichrist ankündigt. Eschatologie meint Heimholung und Erlösung der Gewesenen, das ist mehr als Freiheit der Kommenden. So sagt Benjamin in den Notizen zu den „Thesen": „Der Messias bricht die Geschichte ab; der Messias tritt nicht am Ende einer Entwicklung auf."[13] „Der jüngste Tag ist eine rückwärts gewandte Gegenwart."[14]

Die spezifische Benjaminsche Dialektik von theologischen und säkularen Motiven, die an Kafkas stehenden Sturmlauf der Paradoxie erinnert, läßt sich gegen Tiedemann noch einmal in dem von Tiedemann zitierten Dictum fassen: „Mein Denken verhält sich zur Theologie wie das Löschblatt zur Tinte. Es ist ganz von ihr vollgesogen. Ginge es aber nach dem Löschblatt, so würde nichts, was geschrieben ist, übrig bleiben." (95) Eben das Bestreben des Löschblatts, was geschrieben steht verschwinden zu lassen, führt dazu, daß es sich ganz mit ihm vollsaugt. Benjamins Denken benutzt nicht nur, wie Marx, religiöse Termini und Metaphern, es nimmt vielmehr religiöse Struktu-

---

[12] W. B.: Ges. Schrr. Bd. I, 3, S. 1234.
[13] Ebd., S. 1243.
[14] Ebd., S. 1232.

ren und Kategorien in der Tiefe auf: die Vorstellungen der Erlösung, der Eschatologie, auch des Eingedenkens, das Tiedemann aus seinen Überlegungen ausklammert. Indem das Löschblatt sich so vollsaugt, bringt es die Schrift aber gerade nicht zum Verschwinden: Das Löschblatt fixiert die Schrift auf dem beschriebenen Blatt, bewahrt sie vor dem Verwischen, indem es sie spiegelbildlich in sich aufsaugt. Damit wird dieses Denken aber nicht zur Säkularisierung der Theologie; es wird Theologie in Spiegelschrift. Sie zeugt da am eindringlichsten vom Reich Gottes, wo sie nur vom Klassenkampf um Nahrung und Kleidung, die rohen und materiellen Dinge der IV. These, reden will.[15] Deshalb kann Benjamin in unmittelbare Nähe zum Wort vom Löschblatt ein anderes stellen, in dem er von der Geschichte, die er schreiben möchte, sagt: „Das i s t Theologie." (95). Sie ist es, obwohl und — weil es sich ihm verbietet, Geschichte „... in unmittel-

---

[15] Übrigens ist das Hegelmotto der IV. These seinerseits eine „materialistische" Variation eines Wortes von Kant in seiner kleinen Schrift „Zum ewigen Frieden" von 1795: „Trachtet aber erst nach dem Reiche der reinen praktischen Vernunft und nach seiner Gerechtigkeit, so wird euch euer Zweck (die Wohltat des ewigen Friedens) von selbst zufallen." (I. K.: Zum ewigen Frieden. Ein philosophischer Entwurf. Hrsg. R. Schmidt. Leipzig 1947 (= Reclam), S. 53. Hinter Kant und Hegel aber steht Matth. 6,33: Trachtet am ersten nach dem Reich Gottes und nach seiner Gerechtigkeit, so wird euch solches alles [nämlich: was wir essen, was wir trinken und womit wir uns kleiden] zufallen. Es ist anzunehmen, daß Benjamin mit dem Hegelzitat in einer ineinanderschachtelnden Collagetechnik diesen ganzen Traditionszusammenhang faßt: Das Verfahren der konstellativen Konstruktion als Stilprinzip kleinster Einheiten!

bar theologischen Begriffen zu schreiben".[16] Rolf Tiedemann schließt seine Abhandlung mit dem Satz: „Zuzeiten hat der historische Materialismus von der Theologie zu lernen, daß es keine Erlösung gibt, es sei denn die ganze." Das mag richtig sein. Nur wäre ein historischer Materialismus, der die Möglichkeit und Notwendigkeit der Erlösung, und noch dazu der ganzen, annimmt, nicht mehr der alte. Er wäre eine neue Theologie; vielleicht die, welche in Benjamins Thesen, im Unterschied zur Puppe der ersten These, ohne Anführungsstriche historischer Materialismus heißt.[17]

---

[16] Zitat s. Rolf Tiedemann: Studien zur Philosophie Walter Benjamins. 1965. S. 118. Dieses Verbot gilt nicht für die geschichtsphilosophischen Thesen, weil sie das Verhältnis zur Theologie bedenken, das der Geschichtsschreibung zugrunde liegt.

[17] Benjamins Wort, Marx habe in der Vorstellung der klassenlosen Gesellschaft die Vorstellung der messianischen Zeit säkularisiert, spielt überhaupt eine große Rolle in den jüngsten Bestrebungen, Benjamin dem Marxismus zu retten. Tiedemanns Mitherausgeber Schweppenhäuser versucht es, indem er Benjamins Äußerung über Marx mit Hilfe eines anderen Benjamin-Wortes in der folgenden Passage erläutert: „Gerade die jüdische Messiaserwartung, nach der i n der Welt die Welt anders wird, Geschichte endet – nicht sich erfüllt, sondern abbricht –, läßt die Vorstellung von der klassenlosen Gesellschaft als säkulare von der messianischen Zeit sensu stricto begreifen. Wie diese in die Geschichtszeit einbricht – aus ihr ausbricht –, nicht sie teleologisch abschließt, so ist ‚die klassenlose Gesellschaft ... nicht das Endziel des Fortschritts in der Geschichte, sondern dessen so oft mißglückte, endlich bewerkstelligte Unterbrechung'". Hier verschwindet die Eigentümlichkeit der Marxschen Position, weil ihr ohne weiteres die eschatologischen Denkinhalte des Judentums und Benjamins unterschoben werden. (H. S.: Praesentia praeteritorum. Zu Benjamins Geschichtsbegriff. In: Ma-

terialien zu Benjamins Thesen. S. 7–22, dort S. 16). Gute Klavierspieler treten weniger Pedal.

Gründlicher bewerkstelligt Helmut Pfotenhauer Benjamins Annäherung an einen im Sinne der Frankfurter Schule ausgelegten Marx. (H. P.: „Eine Puppe in türkischer Tracht". In: ebd. S. 254–291). Pfotenhauer konstatiert zwar eine durchgehende Spannung Benjamins zur Marxschen Theorie (ebd. S. 281), reduziert sie aber in zweifacher Hinsicht, indem er einerseits den von Benjamin deklarierten messianischen Zug bei Marx überakzentuiert, andererseits die zentralen Motive von Benjamins Messianismus – den Messias, die Erlösung und das eschatologische Ende der Geschichte – ganz an den Rand rückt. Das Problem schrumpft dann darauf zusammen, daß Benjamin „jenseits der Marxschen Theorie auch die Vorgeschichte der Menschheit unter messianischen Gesichtspunkten" betrachtete (281), unter die für Marx erst deren Geschichte in der klassenlosen Gesellschaft tritt. Was dabei von Benjamins Geschichtsphilosophie übrigbleibt, ist im wesentlichen ein Verfahren, in der Geschichte vorhandene „unentbehrliche Vorstellungspotentiale für die historische Aufgabe" zu aktivieren (279). Es handelt sich hier um eine Variante von Jürgen Habermas' Meinung, „ohne die Zufuhr jener semantischen Energien, denen Benjamins rettende Kritik galt, müßten die endlich folgenreich durchgesetzten Strukturen des praktischen Diskurses veröden." (J. H.: Bewußtmachende oder rettende Kritik – die Aktualität W. B.s. In: Zur Aktualität W. B.s. Frankfurt 1972 [suhrkamp taschenbuch], S. 173–223, dort S. 220). Zu einer „Hilfskonstruktion" wird die Theologie der Geschichtsthesen bei Krista R. Greffrath verharmlost (K. R. G.: Der historische Materialist als dialektischer Historiker. Zum Motiv der Rettung in Walter Benjamins Thesen „Über den Begriff der Geschichte", In: Materialien zu Benjamins Thesen, S. 193–230, dort S. 209), die es Benjamin ermöglicht, das Kontinuum der Geschichte aufzubrechen. Da bei Greffrath aber über das Theologische bei Benjamin nichts anderes gesagt wird, als daß es „von orthodoxer Theologie ... weit entfernt" ist (ebd. S. 208), bleibt völlig unerklärt, welche Hilfe Benjamin von dieser Hilfskonstruktion gewonnen haben soll. Warum brauchte er gerade die Theologie, um das Kontinuum der Geschichte aufzubrechen? Peter Bulthaup schließlich gibt den theologischen Motiven Benjamins stärkeres Gewicht, gibt aber Benjamin, dessen Denken er mehrfach Harmlosigkeit bescheinigt (P. B.: Parusie. Zur Geschichtstheorie W. B.s. In: Materialien zu Benjamins Thesen, S. 122–148, dort S. 138, 142), als historischen Materialisten preis. Der Terminus „historischer Materialist" erscheint ihm in den „Thesen" eher „wie ein Fremdkörper in einer Collage, als daß er die Analyse des zugrunde liegenden ökonomischen Prozesses anzeigte." (ebd. S. 139 f.).

Nachweis der Erstveröffentlichungen

Germanistik in der Bundesrepublik Deutschland. Ihre Tendenzen als Wissenschaft von der neueren deutschen Literatur. In: Mitteilungen der Alexander von Humboldt-Stiftung. H. 29. Dez. 1974. S. 9–17, und in: Seminar. A Journal of Germanic Studies XI. 1975. S. 93–111.

Lyrik, Marxismus und Psychoanalyse. Carl Pietzcker: Die Lyrik des jungen Brecht. Vom anarchischen Nihilismus zum Marxismus. (Frankfurt a. M.: Suhrkamp, 1974) In: Poetica. Zeitschrift für Sprach- und Literaturwissenschaft. 7. Bd. 1975. S. 99–110.

Über den Umgang mit Republikanern, Jakobinern und Zitaten. In: Deutsche Vierteljahrsschrift für Literaturwissenschaft und Geistesgeschichte. Jg. 49. 1975. (Sonderheft). S. 226–242.

„Der profane Text eines profanen Autors" oder „Rückübersetzung des Marxismus in Theologie"? Rolf Tiedemann zu Walter Benjamins Thesen „Über den Begriff der Geschichte". Erstdruck.

Weitere Einzelveröffentlichungen des Verfassers:

Pietismus und Patriotismus im literarischen Deutschland. Ein Beitrag zum Problem der Säkularisation. Zweite ergänzte Auflage Frankfurt 1973.

Klopstock. Religion und Dichtung. Zweite durchgesehene Auflage Kronberg/Ts. 1975.

Aufklärung. Empfindsamkeit. Sturm und Drang. Zweite erweiterte und vollständig überarbeitete Auflage. München 1976 (= Geschichte der deutschen Literatur. Hrsg. Gerhard Kaiser. Band 3).

Vergötterung und Tod. Die thematische Einheit von Schillers Werk. Stuttgart 1967.

Günter Grass: Katz und Maus. München 1971.

Antithesen. Zwischenbilanz eines Germanisten 1970–1972. Frankfurt 1973.

Benjamin. Adorno. Zwei Studien. Frankfurt 1974 (= Fischer Athenäum Taschenbuch).

Die Dramen des Andreas Gryphius. Eine Sammlung von Einzelinterpretationen. (Herausgeber; vier eigene Beiträge). Stuttgart 1968.

Wandrer und Idylle. Goethe und die Phänomenologie der Natur in der deutschen Dichtung von Salomon Geßner bis Gottfried Keller. Im Druck.